NUMISMATIQUE
DE
LA GÉORGIE
AU MOYEN AGE

PAR

VICTOR LANGLOIS

MEMBRE DE LA SOCIÉTÉ ASIATIQUE DE FRANCE

PARIS
A. LELEUX, LIBRAIRE
ÉDITEUR DE LA REVUE ARCHÉOLOGIQUE
RUE DES POITEVINS, 11

1852

DE L'IMPRIMERIE DE CRAPELET
RUE DE VAUGIRARD, 9

A

MESSIEURS

F. DE SAULCY ET REINAUD

MEMBRES DE L'INSTITUT DE FRANCE

TÉMOIGNAGE DE LA RECONNAISSANCE

DE L'AUTEUR

NUMISMATIQUE DE LA GÉORGIE

AU MOYEN AGE.

Depuis Adler (1), qui publia la première monnaie géorgienne connue, quelques auteurs seulement se sont livrés à l'étude de cette branche de la numismatique. Je citerai les noms de T. C. Tychsen (2), de Castiglioni (3), de Marsden (4), de MM. Fraëhn (5), Dorn (6), Reinaud et Brosset (7), qui ont fait faire à la science de très-sensibles progrès en signalant des monnaies nouvelles, ou en expliquant des pièces dont le mauvais état de conservation rendait souvent la lecture des légendes fort difficile. Après eux, un savant numismatiste russe, M. le prince Michel Barataieff (8) publia avec une magnificence sans égale sa collection de monnaies géorgiennes anciennes et modernes. C'est l'ouvrage le plus remarquable qui ait paru jusqu'à présent sur la numismatique de la Géorgie; mais comme l'auteur ne donne que les monnaies de sa collection et qu'il néglige celles des autres musées, son livre est fort incomplet. En outre, de fausses attributions et des lectures très-contestables se remarquent dans le livre de ce savant antiquaire. Toutes ces raisons m'ont engagé à entreprendre la numis-

---

(1) *Mus. cuf. Borgian. Velet.*, Rom. 1782, in-4°.— *Collectio nova num. cuf. é Mus. Borg. et Adl. dig. et expl.*, Kopeng. 1792, gr. in-4°.
(2) *Comm. soc. Gotting.*, t. X, XIV; Gotting. 1791, 1800, in-4°.
(3) *Monete cuf. del mus. di Milano*, p. 346; Milan, 1819, in-4°.
(4) *Numism. orient.*, t. I; London, 1823, in-4°.
(5) *Recensio num. moh. vet.*, t. I, p. 540, 671; St.-Pét. 1826, in-4°. — *Novæ symbolæ ad rem num. moh.*; St.-Pét. 1819, in-4°. — *Mém. de l'Acad. des Sc. mor. et pol. de St.-Pét.*, t. II, IX.
(6) *Bulletin de l'Acad. des Sc. de St.-Pét.*, t. I, n° 3.
(7) *Journal asiat. de Paris*, 1835, 1836,— *Bulletin de l'Acad. des Sc. de St.-Pét.*, t. VI, monog. des monn. arm.—Rapport sur l'ouvrage de M. Barataieff, 1847, in-8°, et *Revue de Num. géorg.* — Rapports sur un voyage arch. en Arm. et en Géorgie, rapp. 1, 2, 4, 6, 8 ; St.-Pét. 1850, 3 vol. in-8°.
(8) *Documents numismatiques du roy. de Géorgie*, de la coll. du Pr. Barataieff. St.-Pét. 1844, in-4°.

matique du Karthli (1), depuis le VI° jusqu'au XIV° siècle, époque où le monnoyage royal fut remplacé par celui des dominateurs de la Géorgie. Je n'ai pas cru devoir joindre à mon travail les monnaies modernes frappées par les rois de Géorgie, pendant le XVIII° siècle ; ces pièces, qui n'offrent aucune difficulté de lecture, ni d'attribution, sont d'ailleurs comprises dans l'ouvrage du prince Barataieff (2).

Les historiens nous ont conservé les noms des monnaies des trois métaux ayant cours en Géorgie au moyen âge. C'est à l'aide de ces documents que je vais essayer de donner un aperçu sur la valeur de ces monnaies, en les comparant à celles des peuples voisins de la Géorgie.

Monnaie d'or: — Le *dracan*, დრაქანი ou დრაკვანი, est souvent cité dans les *Annales* attribuées au roi Wakhtang VI (3), et paraît être une des plus anciennes monnaies de la Géorgie; en effet on le voit en usage dès le règne de Wakhtang-Gourgaslan. Cette monnaie, dont nous retrouvons plus tard le nom changé en celui de *phlouri* ფლური, *florin* (4), équivalait au tahégan d'or des Arméniens (5), et répondait au dinar arabe, du moins par sa valeur. Jusqu'à présent on n'a rencontré dans les collections qu'un seul phlouri, c'est celui d'Éréclé II, qui vivait dans le dernier siècle, et qui est conservé au Musée asiatique de l'Académie des sciences de Saint-Pétersbourg (6). Cette rareté de la monnaie d'or géorgienne est du reste facile à expliquer; le prince Theimouraz (7) nous apprend qu'une partie de l'or provenant des mines de la Géorgie, était employée par les rois, à faire fabriquer des bijoux pour les personnes

---

(1) Le mot *Karthli* est un des noms donnés par les Géorgiens à leur pays. (Brosset, *Rev. de Num. géorg.*, p. 18.)
(2) Partie IV, p. 1 à 18, 2 pl.
(3) Brosset, *Hist. de la Géorgie*; St. Pét. 1849, 50, in-4°, pag. 159 et suiv., et pag. 165 et suiv.
(4) *Code de Wakhtang* VI, partie III, § 251.
(5) P. Aucher, *Traité des poids et mes.* (en Arm.) p. 71, 74.—Matthieu d'Edesse, Ed. Dulaurier, p. 88, 89, note I. — Ibn-alatir, cité par M. Reinaud, extr. des Hist. arabes, relat. aux croisades, p. 17. — *Revue archéol.* VII° ann., p. 262. — Mon essai sur les monn. des rois arméniens de la dyn. de Roupène, p. 10. — *Revue arch.* VIII° ann., p. 225. Lettre à M. Reinaud.
(6) *Bulletin de l'Acad. des sc. de St.-Pét.*, t. VI, p. 35. — Brosset, *Hist. de la Géorg.*, p. 552.
(7) *Journal asiat.*, 1835. Dissert. sur les monn. géorg., p. 14.

de leur famille, au lieu de la frapper; le reste se vendait, et comme l'or était très-pur, les marchands le payaient un haut prix et ils l'importaient en Europe et en Asie avec un grand bénéfice. Les rois de Géorgie trouvaient à cela plus d'avantages que s'ils eussent mis dans le commerce leur or monnayé.

Monnaies d'argent. — *La drachme*, დრამა (1), est aussi ancienne que le dracan, puisque les annales mentionnent presque toujours ensemble ces deux monnaies (2). La drachme était imitée des monnaies d'argent sassanides, qui elles-mêmes étaient un emprunt fait à la drachme attique (3). Un des multiples de la drachme, était le *sather*, qui au dire de Soulkhan (4), était un poids de trois drachmes. Le nom de cette monnaie paraît avoir la même origine que la monnaie appelée *sader* par les Arméniens, dont le nom paraît dériver du grec στατήρ, talent (5). *Le blanc*, თეთრი, dont on ne connaît pas exactement la valeur (6), était une subdivision de la drachme; il est à présumer que cette monnaie imitée des aspres comnénats ou blancs d'argent de Trébisonde, était la même que celle dont parle Wakhtang (7), quand il dit : « l'ancienne monnaie s'appelait *giorgaoul*, გიორგაული, ce qu'elle valait dans le prix du sang, et quel en était le poids, cela est écrit dans les anciens livres. Sachez qu'il y avait encore autrefois une monnaie nommée *cirmanéoul*, ყირმანეული. » Wakhtang (8) donne lui-même l'explication du mot *giorgaoul*, dans une autre partie de son code, c'était la monnaie frappée au coin de Georges VI, surnommé l'Illustre (1318-1346); car avant lui, c'était la monnaie de Ghazan-Khan qui avait cours (9). Quant au mot *cirmanéoul*, donné à l'ancienne monnaie dont parle encore le roi Wakhtang VI, c'est le nom de Kyr-Manuel Comnène (1238-1263), empereur de Trébisonde (10) et non de

---

(1) Brosset, *Hist. de la Géorgie*, p. 160.
(2) *Ibid.*, p. 159 et suiv.
(3) Ad. de Longpérier, *Essai sur les monnaies des rois perses de la dynastie sassanide*. Introd., p. 4.
(4) Lexique, cf. ce mot.
(5) Brosset, *Hist. de la Géorgie*, p. 556. — Gr. Diction. arm de Ven., v° *Sader*.
(6) *Ibid.*, p. 552.
(7) Code, partie VII, § 15.
(8) Partie VI, § 15.
(9) *Journal asiat.*, 1835. Diss. de M. Brosset sur les monn. géorg., p. 9.
(10) *Mém. de la Soc. d'Arch. de St.-Pét.*, t. III. *Die Komnenische silbermünz.*, par M. de Khœne, p. 106.

Constantinople (1), dont les monuments numismatiques servirent de modèles aux dynastes Bagratides pour en frapper de semblables.

Monnaies de cuivre. — Les pièces de cuivre étaient appelées *noires* (2), par opposition aux blancs d'argent. Le *dangi*, დანგი, en arabe, *danyk* (3); en arménien, *tank* ou *tang* (4) était une monnaie dont le nom fut emprunté au mot persan, *dank* (5), qui signifie poids de trois karats ou siliques; c'était selon Al-Makrizi, la sixième partie de la drachme (6). Au dire d'Hopkins, le *dangi* était le quart d'une drachme (7), et répondait au *Chaour*, ჸაური (8). Toutefois cette estimation n'a rien de bien certain, car la valeur de la monnaie de cuivre varia ainsi que son poids et son module sous les rois qui se succédèrent dans le Karthli. Il arriva même un moment où ces pièces ne consistèrent plus qu'en un fragment de cuivre informe, allongé, brisé dès l'origine, ou maladroitement fondu; ces produits d'un art grossier étaient sans doute au sortir du creuset, jetés au hasard sur une table, et là avant leur entier refroidissement, recevaient une empreinte légale (9). On voit par ce qui précède que les Géorgiens avaient emprunté à leurs voisins les noms de leurs monnaies, ce qui serait une preuve qu'elles avaient cours chez eux, puisque dans le testament que l'on pense être celui de Dawith le Réparateur (10), dans une charte de 1185 du couvent de Chio-Mghwimé, et dans une inscription de l'église de Saint Saba, à Safara (11), on trouve la mention de *doucats* et de *botinats*. Ces monnaies, d'après l'analogie des mots, ne pouvaient être que des pièces byzantines, comme les *cirmanéouls* portant l'effigie d'un prince de la famille des Ducas, ou celle de Nicéphore

---

(1) Brosset, *Hist. de la Géorgie*, p. 681.—Rapports sur un voy. arch. en Géorg. et en Arm. 6ᵉ rapp. p. 85.
(2) *Journal asiat.* 1835 Diss. sur les monn. géorg.
(3) Meninski, *Lexique*, cf. ce mot, t. II. — Ciracos, *Hist. d'Arm.*
(4) Krafft, rupen. münzen, p. 5. — Mon *Essai sur les monn. arm.*, p. 10.
(5) Meninski, *Lexique*, cf. ce mot, t. II.
(6) *Hist. de la monn. arabe*, éd. Tychsen, p. 141. Collect. marg. e libell. de Pond. et Mens.
(7) *Journal asiat.* 1835. Diss. sur les monn. géorg., p. 8.
(8) *Id.*, p. 30. — Soulkhan. *Lexique*, cf. ce mot.
(9) *Bulletin de l'Acad. des Sc. de St.-Pét.*, t. VI, p. 36. — Brosset, *Rev. de num. géorg.*, p. 43, 44.
(10) *Mém. de l'Acad. des Sc. de St.-Pét.*, t. IV, p. 363 (*Sc. mor. et pol.*).
(11) Brosset, Rapports sur un voy. arch. en Arm. et en Géorgie, 2ᵉ rapport, p. 123.

Botoniate, personnages qui vivaient avant et pendant le règne de Dawith le Réparateur (1).

Avant de passer à la description des monnaies frappées par les Mthawars (2) et les Méphés (3) Bagratides de la Géorgie, je crois utile de donner quelques détails sur l'histoire de la monnaie sous les trois premières dynasties du Karthli, les annales géorgiennes nous fournissant sur ce sujet quelques renseignements qui ne manquent pas d'intérêt (4).

A l'époque de la conquête macédonienne, en 336 (5), Alexandre laissa, pour gouverner la Géorgie, un officier qui prit le titre d'Éristhaw (6) du Karthli (7). Cet homme s'attira par sa cruauté la haine des Géorgiens; aussi se révoltèrent-ils sous la conduite d'un jeune *aznaour* (8), nommé Pharnawaz. Ce jeune homme avait découvert un trésor en chassant aux environs de Tiphlis. Il en informa sur-le-champ Kourdj, Eristhaw de la Mingrélie, en lui disant : « J'ai beaucoup de bétail. » Celui-ci comprit si bien de quoi il s'agissait, qu'il répondit : « N'épargne point ton bétail, je m'en servirai pour augmenter mes troupes (9). » En effet le mot ბაგატაგნი, a le double sens de *bétail* et de *richesse*, en géorgien; en arménien, խաշտակ, a aussi quelquefois le sens de *bétail* (10).

(1) Brosset, *Num. géorg.*, p. 57. — Rapports sur un voy. arch. en Arm. et en Géorgie, rapp. I, p. 46.
(2) Klaproth, vocab. de la lang. géorg., p. 206. — Les *mthawars* ou *thawads* étaient des nobles de la première classe qui gouvernaient certaines provinces de la Géorgie, sous la suzeraineté des empereurs grecs.
(3) Klaproth, p. 211. — Les *méphés* étaient les rois proprement dits.
(4) Brosset, *Num. géorg.*, g. 15.
(5) *Chronique de Wakhtang*, éd. Brosset; St.-Pét., p. 32 et suiv. —Vie d'Alexandre (en Arm.); Venise, 1842, p. 123.
(6) Les *éristhaws* sont des chefs dont le titre en géorgien signifie à la lettre, *tête ou chef des peuples*. On donnait ce titre aux gouverneurs héréditaires ou amovibles de provinces considérables; c'était la même dignité que les *ptiachkh*, en arménien *gouverneurs de provinces*. Ce mot ptiachkh se trouve aussi dans les auteurs géorgiens. Cf. Brosset, *Hist. de la Géorg.*, p. 80.)
(7) Brosset, *Hist. de la Géorg.*, p. 34. — Moïse de Khorène, liv. II, chap. 8, éd. Levaillant de Florival, t. I, p. 158, 159.
(8) Le mot *aznaour* signifie *noble;* il est sans doute dérivé de l'arménien, *azn*, *race noble*.
(9) Brosset, *Num. Géorg.*, p. 15. — *Hist. de la Géorg.*, p. 41.
(10) Thomas de Medzop, *Vie de Timour*; ms. de la Bibl. nat. de Paris; cit. par Br., p. 15 de la *Rev. de Num. Géorg.*

Sous Azorc et Azmael, rois de la troisième dynastie (arsacide), qui régnaient ensemble, de l'an 87 à l'an 103 de J. C., il est dit que la Géorgie retomba sous le joug de l'Arménie. Artachan qui gouvernait alors ce pays, leur rendit leurs frontières, à la condition de battre monnaie à son effigie (1). Il est regrettable que les monuments dont il s'agit ne nous soient point parvenus.

Lors de la naissance de Wakhtang, qui fut plus tard surnommé Gourgaslan, le roi Mirdat V (434-446) et la reine Sagdoukht, de la quatrième dynastie (khosroïde), tirèrent de leurs trésors de grosses sommes d'argent pour les distribuer aux pauvres (2).

Wakhtang Ier Gourgaslan (445-499), à la suite d'une heureuse expédition contre les Osses et les Qiphtchaqs, rentra dans sa capitale. Sa mère, la reine Sagdoukht, ses sœurs et une foule de citoyens allèrent à sa rencontre, en jetant sur sa tête des drachmes et des dracans (3). Dans une expédition contre les Grecs, Wakhtang se dirigea sur Constantinople et assiéga une ville du Pont (4) pendant quatre mois; à la fin, cette ville se rendit, et le roi laissa sortir les assiégés. Chaque enfant reçut trois dracans ou pièces d'or (5).

Selon le prince Theimouraz, cité par M. Brosset (6), on conserverait au Musée de Saint-Pétersbourg, des monnaies géorgiennes antérieures à J. C., et portant pour légendes : *Pour nous deux, en l'honneur de nous deux*. On appelle ces pièces en Géorgie, *monnaies païennes*. On doit regretter que l'auteur ne soit pas entré dans de plus grands détails sur ces monnaies, qui, si elles existent toutefois, ce dont je doute fort, ne manqueraient pas de jeter un grand jour sur l'histoire numismatique du Karthli.

ERISTHAWAT DU KOUKARKH.

La province de Koukarkh était située à l'orient de celle de Daïk, au nord des provinces de l'Ararat et de Siounikh et à l'ouest de celle d'Oudi; au nord elle était bornée par les provinces de la Géor-

---

(1) Moïse de Khorène, liv. II, ch. 46, t. I, p. 254, 255; éd. Lev. de Flor. — Brosset, *Hist. de la Géorg.*, p. 71. — *Num. Géorg.*, p. 16.
(2) Brosset, *Hist. de la Géorg.*, p. 148.
(3) *Ibid. Hist. de la Géorg.*, p. 159 et suiv.
(4) Les Annales disent la ville de Pontos, p. 165.
(5) Brosset, *Hist. de la Géorg.*, p. 165.
(6) *Journal asiat.*, 1835, p. 35. Disser. sur les mon. géorg.

gie (1). Les anciens historiens en font mention toutefois avec des orthographes différentes (2). Elle faisait partie du სომხითი, *Somkheth*. Sous les rois Arsacides arméniens, et même sous l'empire des rois de Perse, cette province fut confiée à des commandants militaires, nommés բդեաշխ ou բդեշխ en arménien, et ერისთავი en géorgien, qui étaient chargés de la défendre contre les invasions des peuples du nord. Ces gouverneurs étaient héréditaires ou amovibles (3). L'Eristhawat du Koukarkh, après avoir été pendant fort longtemps partagé entre un grand nombre de petits princes qui reconnaissaient la suzeraineté des rois d'Arménie, passa ensuite sous la domination des rois de Géorgie (4), qui ne détruisirent pas les petites souverainetés qui s'y trouvaient. C'est pendant la domination géorgienne, au Ve siècle, que le ptiachkh Achoucha, invita saint Mesrob à venir dans ses domaines, au canton de Dachir, pour enseigner l'Évangile à ses peuples (5). En ce temps-là, dit Moïse de Khorène, un prince, du nom d'Artzil, régnait en Ibérie (410-434). Vers la fin du IXe siècle, les rois d'Arménie tentèrent de faire rentrer les peuples de ce pays sous leur puissance et ne purent jamais en être paisibles possesseurs (6).

(1) Saint-Martin, *Mém. hist. et géogr. sur l'Arménie*, t. I, p. 79. — Brosset, *Hist. de la Géorg.*, p. 46, 47.
(2) Strabon, *Géogr.* liv. XI. — Ptolémée, liv. V, ch. 13. — Étienne de Byzance, Quad. apud. Step. de urb; sub voce ωτηνή.
(3) Brosset, *Hist. de la Géorg.*, p. 80.
(4) Moïse de Khorène, liv. II, chap. 10, p. 168, 169, t. Ier, éd. Lev. de Fl.
(5) *Id.*, liv. III, chap. 60, p. 162, 163, t. II; éd. Lev. de Fl. — Tchamitch, *Hist. d'Arménie* (en arm.), t. Ier, 508, 518; t. II, 32, 38. — *Vie des SS. Armén.*, t. II, p. 297, Ven. 1810-1814 (en arméa.). — Brosset, *Hist. de Géorg.*, addit. p. 72 et suiv.
(6) Jean Catholicos, *Hist. d'Arm.*, ch. 17, 20, 23.

Q. Visconti (1) a publié un onyx du cabinet de France (2), où on lit cette inscription autour d'un buste tourné à gauche :

ΟΥΣΑΣ ΠΗΤΙΑΞΗΣ ΙΒΗΡΩΝ ΚΑΡΧΗΔΩΝ.

Ce mot *Ousas*, qui a exercé la sagacité des archéologues, n'est autre chose que le nom arménien Achoucha, rendu presque méconnaissable par l'artiste chargé de la gravure de la pierre. On sait qu'il arrivait quelquefois que les noms propres n'étaient point à l'abri des altérations des copistes et des graveurs grecs qui ramenaient un nom étranger à une valeur hellénique, au moyen du changement ou de la suppression de quelques lettres. Ainsi la reine des Parthes que Josèphe nomme Thermusa est bien sans contredit la même que les médailles orthographient Musa (3), et les tétradrachmes de Dyrrachium donnent tout lieu de croire que le Menounios de Polybe s'appelait Monounios (4), etc. Quoi qu'il en soit, l'onyx du cabinet de France ne peut convenir qu'à Achoucha (5); son gouvernement étant limitrophe de la Géorgie et habité en grande partie par des peuples de la même race, il n'est pas étonnant que cet éristhaw prît le titre de chef des Ibères et des Karkèdes, ou pour nous servir des expressions consacrées par Moïse de Khorène (6), ptiachkh des Géorgiens et des Koukarkhs.

CINQUIÈME DYNASTIE (BAGRATIDES).

Monnaies frappées par les Mthawars, successeurs de Gouram, Curopalate. (575-639)

Imitation de la monnaie d'Hormidas IV, roi de Perse, sans légende géorgienne (7).

1. ϛიႦႠ ჂႠႴჂႬ. — Buste tourné à droite, la tête ceinte d'une

---

(1) *Iconographie grecque*, t. II, p. 269 et suiv., pl. 45, n° 10.
(2) Dumersan, *Hist. du cab. des médailles*, p. 90, n° 425.
(3) Raoul-Rochette, *Méd. de la Bactriane et de l'Inde*, 2° suppl. p. 52 et suiv. (Extraits du *Journal des Savants*.) — Ad. de Longpérier, méd. d'or de Dynamis, reine de Pont, p. 1.
(4) J. G. Droysen, zur Geschichte der Pæonier und Dardaner. — Mionnet, *Méd. grecques*, t. III, p. 353. — Ad. de Longpérier, *Méd. de Dynamis*, lieu cité.
(5) Lev. de Florival ; *Dict. hist. de Moïse de Khorène*, p. 169, col. 2. — *Moïse de Khorène*, trad. ital.
(6) Moïse de Khorène, liv. II, ch. 7, et liv. III, ch. 6. — *Lazare le Parbe*, hist., p. 80, 93, 185, 191.
(7) Adr. de Longpérier, *Essai sur les monn. des rois perses sassanides*, p. 74 pl. XI, n° 1.

couronne élevée sur le devant de laquelle est un croissant et un astre. Sur la marge de la médaille en dehors du grènetis, trois astres dans des croissants.

℟. ⟨pehlvi⟩ ⟨pehlvi⟩. — Une croix sur des degrés, entre deux figures debout et vues de face, appuyées sur la garde de leur épée.

Argent, 2 variétés. Pl. I, n° 1.

Bulletin hist. phil. de l'Acad. des sc. de St.-Pét., t. I, n° 3, pl. n°s 3 et 4 ; Dorn, *Versuch Einer Enklärung von drei münzen mit sassaniden gepräge*. — Brosset, *Revue de num. géorg.*, p. 29. — *Bulletin de la Soc. d'archéol. de St.-Pét.* Communication faite par M. de Bartholoméi, p. 42.

Les monnaies sassanides ont servi de modèles à certaines monnaies arabes, indiennes (1) et géorgiennes, qui nous sont parvenues. Les graveurs à qui était confiée l'exécution de cette copie, dans l'ignorance où ils étaient de la langue pehlvie, traçaient très-irrégulièrement les lettres qu'ils avaient sous les yeux, en sorte qu'au lieu de voir sur une monnaie imitée d'Hormisdas IV la légende.... *aourmazd* ⟨pehlvi⟩ ⟨pehlvi⟩, comme l'a lue M. Adrien de Longpérier (2), on n'aperçoit que les lettres ⟨pehlvi⟩ ⟨pehlvi⟩, qui isolées ne signifient rien, mais qu'on reconnaît être les mêmes qui entrent dans la composition du nom d'Hormisdas.

Imitation de la monnaie d'Hormisdas IV, avec le nom de la Géorgie.

2. ⟨geor⟩ (G N) *Gourdjistan*, en chef de la médaille. — Buste

---

(1) Al-Makrisi, *Hist. de la monn. arabe*, éd. Tychsen , p. 59 et 79, chap. 2. — Marsden, *Num. orient.*, n° 240. — Fraëhn, *Mém. de l'Acad. des Sc. de St.-Pét. Die Chosroën-Münzen der frühern arab. Chalif*; Mitau , 1822, in-4°. — De Khœne, *Journal de num. de Berlin*, t. IV. — J. Olshausen, *die Pehlvi-Legenden auf der letzten Sâsaniden*. Kopenh., 1843, in-8°. — Krafft, *Ueber H Olshausen entzifferang der Pehlvi-Leg.*; *In dem Iahrbücher der litter. zu Wien.*, 106e vol. — Soret, Lettre à M. Olshausen sur quelq. méd. arabes au type Sasson., Gen., 1846, in-8°. — *Mém. de l'Acad. des Inscr. et Belles-Lettres*, t. XVIII. M. Reinaud, *Mémoire sur l'Inde*, p. 112. — Dorn, *Bulletin hist. phil. de l'Acad. des sc. de St.-Pét.*, t. II, n° 18. — Baron Marchant, *Lettres sur la Numism.*, nouv. éd., 1851, Annotat. de la lettre 1re, par Ad. de Longpérier, p. 9. — *Journal asiat. de la Soc. du Bengale*, t. IV, p. 621, 668 ; t. VI, p. 288. Prinsep. *Specimen of Indu coins descended from the Parthian type*. — C. Lassen, *zur Gesch. der Griechisch. und Indoschy. Konige in Bactr. Kabul et Indian*, p. 108, etc.

(2) *Essai sur les monn. des rois de la dynastie sassanide*, p. 74, 75.

tourné à droite, la tête ceinte d'une couronne élevée, sur le devant de laquelle est un croissant et un astre. Sur la marge de la médaille, en dehors du grènetis, trois astres dans les croissants; en dedans du grènetis et de chaque côté de la tête, la légende pehlvie ڡﻟڡ ﺳﺮﻳﺎ.

℟. Légende pehlvie qui paraît être la même que celle du droit.... ﺳﺮﻳﺎ. Pyrée entre deux figures debout et vues de face, la tête couverte d'une sorte de turban à aigrette, les mains appuyées sur la garde de leur épée; dans le champ en haut, un astre et un croissant.

Argent, 3 variétés. Pl. I, n° 2.

Bulletin de l'Académie des sc. de St.-Pét., t. I, n° 3, p. 33. — Barataieff, *Docum. num. du roy. de Géorgie*, part. I, pl. II, n°⁵ 2, 3, 4 ; p. 34 et suiv. — Brosset, *Revue num. géorg.*, p. 20 et suiv. — *Bulletin de l'Acad. d'archéol. de St.-Pét.*, p. 42.

3. ႭႡ en monogramme, en chef de la médaille et entre deux étoiles. — Buste tourné à droite avec la légende comme au n° 2.

℟. Légende illisible. — Pyrée entre deux figures debout, vues de face, la tête couverte d'une sorte de turban à aigrette, et les mains appuyées sur la garde de leur épée; dans le champ en haut un astre et un croissant.

Argent, une variété. Pl. I, n° 3.

Bulletin de l'Acad. des sc. de St.-Pét., t. I, n° 3. *Versuch einer erklärung von drei münzen mit Sassan-Gepr.*; par B. Dorn, pl. n° 1. — Barataieff, part. I, pl. II, n° 5, p. 47 et suiv.

Les lettres G N ont donné lieu à bien des commentaires de la part des savants russes qui ont essayé de les interpréter. Suivant MM. Dorn et Brosset, ces lettres ne seraient autres que le nom abrégé de Gourgaslan. M. Brosset, pour donner de la vraisemblance à ce système, cherche à prouver que, du vivant même de Wakhtang I, le surnom de Gourgaslan aurait remplacé le nom véritable de ce roi; à l'appui de ce fait, le savant orientaliste cite un passage de Mékhitar Eretz (1), conservé dans l'histoire universelle de Vardan, où il est dit que Wakhtang I s'appelait aussi Gourgaslan ou Gourgasal. Mais une raison toute matérielle s'oppose complétement à cette explication : Gourgaslan régna de 446 à 499, et la monnaie attribuée à ce prince par M. Brosset est la copie d'une pièce d'Hormisdas IV, qui régna en Perse de 579 à 589. Or, il est plausible pour tous qu'une copie

(1) *Hist. de la Géorgie et de la Perse.*

ne peut précéder son prototype. Néanmoins M. Brosset persiste dans cette opinion (1), quoiqu'il soit bien évident que les pièces avec les lettres ɢ ɴ n'ont pu être frappées par Gourgaslan (2).

Que peuvent donc signifier ces lettres sur les monnaies géorgiennes? Il faut remarquer tout d'abord que ces pièces imitées des médailles d'Hormisdas IV ont été frappées en Géorgie, entre le règne de ce prince et celui de Stéphanos II, mthawar de Karthli, qui le premier inscrivit son nom sur les monnaies; or, durant cet espace de temps, il n'y eut point de mthawars dont le nom ait quelque analogie avec les lettres ɢ ɴ. Mais nous savons que le nom persan de la Géorgie se disait Gourdjistan, que les mthawars de cette époque étaient soumis, soit aux Persans, soit aux Grecs, et que, par conséquent, ils ne pouvaient inscrire leurs noms sur leurs monnaies sans blesser la susceptibilité des souverains de l'Iran et de Constantinople. Pour obvier à cette difficulté, les mthawars mirent seulement sur leurs monnaies le monogramme de la Géorgie, qu'ils étaient censés administrer au nom de leurs suzerains.

Stéphanos II (639-663),

Le khosroïde Stéphanos II était fils d'Adarnasé I, éristhaw de Cakheth, qui fut créé par l'empereur Héraclius, mthawar de la Géorgie, après que ce prince se fut emparé de Tiphlis sur Stéphanos I, fils du curopalate Gouram, chef de la dynastie des Bagratides. Il résidait à Tiphlis, mais témoin des rapides progrès des successeurs de Mahomet en Perse et de l'extinction de la dynastie des Sassanides, ce prince se retira en Mingrélie où il mourut en 663.

Imitation de la monnaie d'Hormisdas IV. avec le nom de Stéphanos II.

4. ՍՓՆՍ. (*Sphns*, abréviation pour *Stephanos*). Chacune des lettres est placée dans un croissant, disposé en haut, en bas, à droite et à gauche dans la marge de la médaille. — Buste à droite, la tête ceinte d'une couronne élevée, sur le devant de laquelle est un crois-

---

(1) *Bulletin de l'Acad. des Sc. de St.-Pét.*, t. IV, p. 340. — *Hist. de la Géorgie*, p. 179.
(2) *Bulletin de la Soc. d'Arch. de St.-Pét.*, p. 41, 42, 57.

sant et un astre. En dedans du grènetis et de chaque côté de la tête, la légende pehlvie 𐭰𐭱-𐭯 𐭠𐭥𐭩𐭮.

℞. Légende illisible. — Croix sur des degrés entre deux figures debout et vues de face, la tête couverte d'une sorte de turban et tenant une épée à la main.

Argent, 2 variétés. Pl. I, n° 5.

Bulletin de l'Acad. des sc. de St.-Pét., t. V, p. 225. — Barataieff, pl. I, n° 4, p. 22 et suiv., et p. 69 à 112.

Imitation de la monnaie de Chosroès II Parviz, roi de Perse, avec le nom de Stéphanos II (1).

5. ႱႲႤႴႠႬႭႱ (*Stéphanos*). — Les lettres qui composent ce nom sont placées de chaque côté de la tête tournée à droite et surmontée d'une couronne ornée d'un disque. Dans le champ deux étoiles. Sur la marge de la médaille, en dehors d'un double grènetis, trois astres dans des croissants. (La légende pehlvie a été remplacée de chaque côté de la tête par les lettres qui forment le nom de Stéphanos.)

℞. Croix sur des degrés, entre deux figures debout et vues de face, la tête surmontée d'une espèce de turban à aigrette, les mains appuyées sur la garde de leur épée. Sur la marge de la médaille, en dehors d'un triple grènetis, quatre astres dans des croissants.

Argent, 3 variétés. Pl. I, n° 6.

Fraëhn, *Novæ symbolæ ad rem numar. muh. spect.*, p. 46, n° 15. — *Bulletin hist. phil. de l'Acad. des sc. de St.-Pét.*, t. I, n° 3, p. 38, 40; t. II, n° 18, pl. A. — Barataieff, pl. 1, n°ˢ 1, 2, 3, p. 17 et suiv.; p. 69 à 112. — Brosset, dans le *Journal asiat.*, 1836, p. 9. — *Revue de num. géorg.*, p. 33 et suiv.

Il y eut deux rois en Géorgie du nom de Stéphanos : le premier, qui régna de 600 à 619, n'osa prendre le titre de roi, et s'intitula mthawar des éristhaws du Karthli, car il craignait également les Grecs et les Persans; il était peu attaché à la religion chrétienne. Le second, tout au contraire, était très-pieux, aussi n'ai-je point hésité pour attribuer les monnaies au nom d'Étienne, qui portent au revers le symbole de la croix, à ce prince plutôt qu'au premier.

---

(1) Ad. de Longpérier, *Essai sur les méd. sassanides*, p. 79, pl. 11, n° 4.

Djouanchir (718-787).

Djouanchir et Joanné, fils d'Artchil II, se partagèrent la Géorgie à la mort de leur père. Joanné s'en alla régner dans l'Égris et Djouanchir resta dans le Karthli et le Cakheth. Une guerre étant survenue entre lui et les Khazars, Djouanchir fut fait prisonnier par le khakhan, qui lui rendit sa liberté quelque temps après. A la mort de Joanné, ce prince hérita des États de son frère et prit le titre de roi des Aphkhaz.

Imitation de la monnaie d'Hormisdas IV, avec le monogramme de Djouanchir.

6. ꝓꝋ. (*Djo*, abréviation du mot *Djouanchir*) en chef de la médaille. — Buste très-barbare tourné à droite, la tête ceinte d'une couronne élevée, sur le devant de laquelle est un astre. Sur la marge de la médaille, en dehors du grènetis, trois astres dans des croissants; en dedans du grènetis et de chaque côté, la légende pehlvie ꜰ݂ꜱ-ꜱ ꜱꜱ.

℞. Légende illisible, cependant très-différente de celle du droit. — Pyrée entre deux figures debout et vues de face, tenant l'épée à la main.

Argent. Pl. I, n° 4.

Barataieff, pl. II, n° 1, p. 29 et seq. — Brosset, *Revue de num. géorg.*, p. 41 et suiv. —*Bulletin de l'Acad. d'arch. de St.-Pét.*, p. 41.

L'attribution de cette médaille à Djouanchir est due tout entière à la sagacité et à l'érudition du prince Barataieff. Toutefois M. de Bartholoméi, dans un Mémoire qu'il lut à l'Académie d'archéologie de Saint-Pétersbourg (1), revendiqua cette monnaie pour l'éristhawat de Djawakheth, ne connaissant aucun nom de ville ou de province en Géorgie, qui pût prêter à une explication plus satisfaisante. La première objection à faire à M. de Bartholoméi, c'est qu'au lieu des lettres ᴅᴊᴀ, initiales du nom de Djawakheth, on lit sur la monnaie ᴅᴊᴏ, et par conséquent cette attribution pèche en ce point. M. de Bartholoméi aurait dû proposer plutôt le mot Djorzan, autre nom de la Géorgie (2), car cette fois la lecture n'aurait point été contestable. Mais il est peu probable que les mthawars eussent traduit les diffé-

---

(1) *Bulletin de l'Acad d'Arch.*, p. 41.
(2) Brosset, *Rev. de num. Géorg.*, p. 18.

rents noms de la Géorgie, pour les inscrire sur leurs monnaies, et je ne vois pas pourquoi M. de Bartholoméi ne s'est pas rangé de l'avis du prince Barataieff pour l'attribution de cette monnaie. En effet le style de la pièce en question est plus barbare que celui des médailles portant le nom du Gourdjistan (G א), les légendes pehlvies sont aussi plus altérées; tous ces indices réunis dénotent une époque postérieure au règne de Stéphanos II, aussi l'attribution au mthawar Djouanchir me paraît-elle à l'abri de toute critique.

Giorgi I (1014-1027).

Ce prince était fils de Bagrat III, roi des Aphkhaz et des Karthles (1). Aussitôt son avénement au trône, une révolte éclata dans le Cakheth et le Héreth, fomentée par les aznaours de ces contrées, qui s'emparèrent des éristhawats. Quelques années après, Basile II, empereur de Constantinople, se mit en campagne contre lui (1021), pour reprendre le patrimoine qu'il avait donné à son père le curopalate Bagrat (2). Plusieurs rencontres eurent lieu, à la suite desquelles un traité de paix fut conclu (3), et le roi Giorgi s'engagea à rendre à l'empereur les possessions du Tao, du Basian, d'Artan et de Cola.

Imitation des monnaies des Arsacides de Parthie.

7. ჰ·ႳႭ · Ⴊ·Ⴊ. (Abréviation pour *méphé Giorgi.*) *Le roi Giorgi.* — Tête d'un roi à gauche.

ɴ. Quadrupède passant à gauche dans un grènetis.

Argent, petit module. Pl. I, n° 7.

Barataieff, II° partie, p. 8, pl. I, n° 2. — Brosset, *Revue de num. géorg.*, p. 53.

Cette pièce paraît imitée de la médaille de Phraate IV publiée par M. de Bartholoméi (4) dans ses *Recherches sur la numismatique arsacide.*

8. Tête d'un roi (*Phraate III?*), vue de face dans un grènetis.

ɴ. ჰ·ႳႭ · Ⴊ·Ⴊ. *Le roi Giorgi.*

---

(1) Brosset, *Hist. de la Géorgie*, p. 306 et suiv.
(2) Aristace Lastivardetzi, *Hist. d'Arménie*, p. 6.
(3) Lebeau, *Hist. du Bas-Empire* (éd. St. Martin), t. XIV, p. 223.
(4) *Mémoires de l'Acad. d'Arch. de St-Pétersb.* 1848, t. II, p. 1 et suiv., pl. 5, n° 65.

Argent, petit module, une variété. Pl. I, n° 8.
Barataieff, II° part., p. 19 et suiv.; pl. I, n°° 3, 4. — Brosset, *Revue de num. géorg.*, p. 53.
Cette médaille et sa variété semblent imitées des monnaies d'argent de Phraate III, décrites par MM. Ch. Lenormant, dans son *Mémoire sur les monnaies des Arsacides* (1), et de Bartholoméi, dans le travail cité plus haut, etc. (2). Il n'y a pas de doutes dans l'attribution de ces pièces à Giorgi I, car les médailles de Giorgi II et III dont l'attribution est certaine, sont très-différentes de celles-ci et ont toutes une frappe qui leur est particulière.

Giorgi II (1072-1089).

Le règne de ce prince fut tout entier occupé à réprimer les révoltes des mthawars et des éristhaws du Karthli et de l'Aphkhazie, et à repousser les incursions que Sarang, général de Mélik-schah, faisait annuellement en Géorgie (3).

Imitation de la monnaie byzantine de l'époque de Jean Zimiscès (4).

9. ႵႬ · ႽႼႢ · ႪႬ · ႽႴႤႱႦႽ · ႣႽ · ႵႡႶႰ ·
Dans le champ faisant suite à la légende : ႴႬ · ႣႽ · ႵႮႪႽႩႬ · — *O Christ, glorifie Giorgi, roi des Aphkhaz et des Karthles et César.*
℞. H AΓI? — *La Sainte*, ou plutôt M. Θ ? — *La mère de Dieu.* — Buste nimbé de la Vierge vue de face et étendant les bras (5).
Argent, grand module. Pl. I, n° 9.
Verzeichniss der münz-und-med. Sammlung des L. W. de Wellenheim, t. II, n° 15731. — Brosset, *Revue num. géorg.*, p. 50, pl. n° 12.

(1) *Annales de l'Institut Arch. de Rome*, 1839.
(2) *Mém. de l'Acad. d'Arch. de St.-Pét.*, t. II, p. 45, pl. 4, n° 48. — *Revue Numism.*, 1841, Ad. de Longpérier, *Examen des méd. d'Artaban IV*, etc., pl. n° 8.
(3) Brosset, *Hist. de la Géorg.*, p. 341 et suiv.
(4) De Saulcy, *Essai de classif. des suites monét. byzantines*, pl. 22, n° 1.
(5) L'antiquité de la tradition qui place la Géorgie sous la protection de la sainte Vierge, est confirmée par la prodigieuse quantité d'églises construites en Géorgie, sous l'invocation de Notre-Dame. Cette invocation se trouve aussi dans tous les ouvrages géorgiens et jusque dans les chartes des rois. (*Journal asiat.*, 1832, p. 213.)

Giorgi II est appelé dans les *Annales* (1) roi des Aphkhazes et des Karthles. Le titre de César ne doit pas non plus étonner, car le tzaréwitch Theimouraz, auquel on doit d'importants travaux sur la Géorgie, affirme que les titres de roi des rois et de césar furent donnés à Dawith le Réparateur par Arséné Igalthoël, dans son discours prononcé en l'honneur de ce prince(2); on peut induire de ce fait que Giorgi II avait aussi été décoré des mêmes titres.

DAWITH II, LE RÉPARATEUR (1089-1125).

Le lieutenant de Melik-schah revint de nouveau dans le Somkheth, sous le règne de Dawith, et battit les Géorgiens au combat de Phartzkhis. Dawith fut alors obligé pour affranchir son pays de toute incursion, de payer le kharadj pour ses domaines. En 1101, le Karthli se restaura, grâce aux croisades, qui tenaient les musulmans en échec; Dawith les battit (1111) (3) et cessa de leur payer le tribut. Il profita même de leur absence, pour s'emparer du Cakheth, du Héreth, et du Somkheth (1118). Les Turcomans réduits aux abois par des défaites successives, demandèrent des secours au roi de Perse et au sultan des Orthokides. Ceux-ci répondirent à leur appel, et en 1121 ils entrèrent dans le Thrialeth, d'où Dawith les chassa. L'année suivante Dawith prit Tiphlis aux Persans (4), pénétra dans le Chirwan, le Ran, et le Tao, qu'il soumit à ses lois, et rentra dans le Karthli, où il fit construire des églises et des monastères, et

---

(1) Brosset, *Hist. de la Géorgie*, p. 341.
(2) *Ibid. Revue de Num. Géorg.*, p. 49.
(3) Guillaume de Tyr (*Rec. des Hist. occ. des croisades*, t. 1ᵉʳ, 1ʳᵉ part., liv. XI, ch. 16, p. 480), après avoir parlé de la guerre que les Géorgiens firent aux Persans, dit : « *Est autem Hiberia regio in plaga septentrionali constituta quæ alio nomine dicitur Averguia, Persis conterminata, homines habens, corpore proceros, robustos viribus, multa strenuitate commendabiles. Hi frequentibus bellis et congressionibus assiduis Persarum adeo copias attriverunt, ut jam se nec pares reputent et pro suo statu solliciti, aliorum provincias vexare destiterint.* »
(4) Cf. Ch. Defremery, *Ext. des hist. Arabes et Persans relatifs à l'hist. des peuples du Caucase*; Paris, 1849, p. 26 et suiv., où Ibn Alatir raconte tout au long les guerres que la Géorgie eut à soutenir contre les musulmans. Je ne puis mieux faire que renvoyer le lecteur à cette excellente traduction que M. Defremery a enrichie de notes précieuses et de renseignements fort intéressants. Le mémoire de M. Defremery est extrait du *Journal asiatique*, 1849.

répara autant qu'il put les maux de la guerre, en faisant de larges aumônes.

Imitation de la monnaie de Constantin Ducas et d'Eudoxie Dalassène (1).

10. ႦႡ·Ⴔ·Ⴇ·Ⴔ. (abrégé pour ⴃⴀⴅⴈⴇⴠ ⴋⴔⴎⴡⴇⴈ ⴋⴔⴎⴡⴉ). — *Dawith, roi des rois*. — Deux figures debout (Const. Duc. et Eud. Dal.) vues de face, tenant ensemble une longue croix.

℞. ႦႦ·ႬႱ· (abrégé de ღვთის დედისა.) *La mère de Dieu*. — La Vierge assise et vue de face.

Argent, moyen module. Pl. I, n° 10.

Barataieff. 2ᵉ part. p. 5 et suiv. Pl. I, n° 1. — Brosset, *Revue de num. géor.*, p. 46 et suiv.

Les monnaies de Constantin Ducas et d'Eudoxie Dalassène, sont celles qui ont été le plus souvent imitées par les princes chrétiens et les sultans musulmans (2). Le prince Barataieff attribuait cette monnaie à Dawith II et à Bagrat III, à cause de la présence de deux effigies, et de la lecture du nom de Bagrat qu'il avait cru voir sur cette monnaie. Il suffit de dire que ces deux princes n'ont point régné ensemble, et que Bagrat III est séparé de Dawith II par un espace de soixante-quinze ans, dans les listes royales des rois de la Géorgie. Au surplus Bagrat III n'avait pas le titre de roi, il était tout simplement mthawar de la Géorgie occidentale, et vassal des empereurs grecs qui lui avaient conféré le titre de curopalate.

11. ····ႴႬ····ႦႠ·ႴႵ·ႫႬႠ. Dans le champ, en trois lignes, pour faire suite à la légende ႦႠ· ႫႬႠ· ႦႠ·· (pour საფხაზთა და ქართველთა და რანთა...). — [*Dawith, roi*] *des Aphkhazes, et des Karthles, et des Raniens*....

℞. Légende effacée. — Buste nimbé de la Vierge, vu de face.

Argent, grand module. Une variété. Pl. II, n° 1.

---

(1) Saulcy, *Essai de cl. des suites mon. byz.*, pl. 25, n° 1.

(2) Les monnaies byzantines étaient généralement répandues dans l'est de l'Europe et en Asie; il est naturel qu'elles aient été souvent imitées, surtout par les peuples qui battaient monnaie pour la première fois. En Danemark, on frappa des monnaies sur le modèle de celles de Byzance. Les Serbes, les Bosniens, les Hongrois, les Vénitiens, d'autres peuples de l'Italie, et même les princes musulmans d'Asie suivirent cet exemple.(*De Khœne, die Komnenischen Silber Münzen, etc., mémoires de l'Acad. d'Arch. de St.-Pét.*, t. III, p. 106)

3

Barataieff, 2ᵉ part. p. 12 et suiv. Pl. I, n° 5. — Brosset, *Revue de num. géor.*, p. 48 et suiv.

12. En trois lignes dans le champ : ჯჩ · ჭ ჩჀ · ჯჩ · ჩჩჀ · (pour ჟა ჩაჩია ჟა ჩით.) *et des Raniens et des Khathes.*

℞. Légende effacée. — Buste de la Vierge vu de face et nimbé. Argent, moyen module. Pl. II, n° 2.

Barataieff. 2ᵉ part. p. 15 et suiv. Pl. I, n° 6. — *Revue de num. géor.* p. 48-53.

C'est à cause de la ressemblance du type de ces deux monnaies avec le n° 10, et des noms de peuples qui s'y lisent, que j'ai attribué ces pièces à Dawith le Réparateur; il n'y avait en effet que le conquérant qui pût se glorifier de titres empruntés aux provinces qu'il avait recouvrées et aux pays qu'il avait placés sous sa domination ; les autres rois de la Géorgie de cette époque se contentaient du simple titre de roi des Karthles et des Aphkhazes.

Dimitri I (1125-1154).

Ce prince était fils de Dawith II ; il conserva les conquêtes de son père, auxquelles il ajouta la prise de Dbadis (1). Un an avant sa mort, il avait pris l'habit monacal, laissant le trône à Dawith III son fils, qui ne régna que six mois (1154), et fut remplacé par Giorgi III.

Imitation des monnaies arabes.

13. ملك الملو[ك]   *Le roi des rois,*
      ჯ   D[imitri],
[حسا]م المسي[ح]   *Glaive du messie.*

℞. Dans les rayons d'un astre : المقتفي أمير المؤ[منين] — *Al-Moktafi, prince des croyants.*

Cuivre, petit module, 4 variétés. Pl. II, nᵒˢ 3 et 4.
Barataieff, IIIᵉ partie, p. 1 à 6. Pl. I, nᵒˢ 1 à 5.

---

(1) Sam. d'Ani, fᵒ 42. — Étienne, *Hist. des Orpel.*, ch. iv. — Ibn-Alatir, t. VI, p. 317. — Aboulfar., *Chr. syr.*, p. 308. — Tchamitch, t. III, p. 42, 45. — S. Martin, t. I, p. 379.

Le khalife Al-Moktafi, dont le nom se trouve placé au revers des monnaies du méphé Dimitri, était contemporain de ce prince. Il était fils de Mostadhir, le trente et unième khalife abbasside, et régna de 1136 à 1160 (1). On s'étonnerait à juste titre de voir le nom d'Al-Moktafi associé à celui de Dimitri, qui vainquit plusieurs fois les musulmans, si l'historien arabe Bedr'eddin-el-Aïni qui vivait au XVᵉ siècle, ne nous racontait qu'en 1122 de l'ère chrétienne (516 de l'hég.), le roi Dawith, quoique maître de Tiphlis, accéda par politique au vœu qui lui fut exprimé par les habitants, de laisser tracer sur ses monnaies le nom de Dieu, du prophète et du khalife. « Le roi Daoud, dit El-Aïni, leur accorda ce qu'ils demandaient, car il estimait les musulmans plus que ne l'avaient fait les princes mahométans eux-mêmes (2). » Il est constant qu'à l'exemple de Dawith, Dimitri et ses successeurs ont fait placer sur leurs monnaies les noms des princes musulmans leurs contemporains.

Giorgi III (1154-1184).

A la mort de Dawith III, son oncle Giorgi lui succéda. Ce prince imitant la politique du roi Dawith son père, chercha à agrandir les limites de son royaume. Dans ce but, il alla s'emparer de Vaghar-chagad en Arménie, où il battit Schah-Armen, souverain du canton d'Achorhni (3). De là il assiégea Ani qu'il prit d'assaut (4). Schah-Armen, voyant les progrès des Géorgiens, appela à son aide tous les musulmans de la Syrie et de la Mésopotamie, les Turcs de Diarbekir et de Gardman, et se porta à la rencontre de Giorgi en 1163. Il assiégea d'abord Ani qu'il prit en 1165 (5), grâce à la trahison d'un éristhaw géorgien qui passa dans son camp (6). Le roi Giorgi qui ne

---

(1) Tchamitch, *Hist. d'Arménie* (en arm.), t. III, tab. p. 124, place le règne d'Al-Moktafi de 1125 à 1154.
(2) Brosset, *Rev. de Num. géorg.*, p. 59 et 60.
(3) Indjidji, *Arménie ancienne* (en arm.), p. 309.
(4) Ibn-Alatir, cf. *Journ. asiat.*, t. XIV, 1849, fragm. de géogr. par Defremery, p. 47. — Ibn-Khaldoun, cité par S. Martin, t. II, p. 240 et seq. — Vardan, p. 99. — Brosset, add. à l'*Hist. de la Géorg*, p. 253.
(5) Ibn-Alatir, cité par S. Martin, *Mém. sur l'Arménie*, t. II, fig. 243. — Vardan, p. 102. — Hamd-Allah-Mustaufy, *Hist. des Seldj.*, p. 102. — Mirkhond, *Hist. des Seldj.*, p. 243. — Defremery, *opus laud.*, p. 54.
(6) Ibn-Alatir, cité par M. Defremery, fragm. de géogr. et d'hist. arabes et pers. relat. au Caucase, p. 49 et suiv.

pouvait vivre sans guerre, s'empara ensuite d'Olthis et de Bana, des cantons d'Azroum, d'Achorni, de Gandza et de Khasgian (1), ravagea les contrées du Mouscour et de Charabam et soumit à ses lois le Basian. De là Giorgi se porta sur la citadelle de Loré, occupée par son neveu Dimitri qui s'était révolté contre lui, et s'en empara en 1183. Après cet exploit, le roi Giorgi mourut en 1184.

14. Un double rang d'entrelacements de nœuds, entoure le monogramme de Giorgi, formé des deux lettres ᎩᏓ (G I).

℞. Astre dont les cinq branches, formées par des nœuds sont arrondies aux extrémités. Dans le centre des points, entre les rayons, on lit : الله ... المقتفي — *Al-Moktafi, Dieu.*

Cuivre, moyen module, une variété. Pl. II, n° 7.

Barataieff, III⁰ partie, pl. I, n° 7; pl. IV, n° 5, p. 14 à 16 et 90, 91. — Brosset, *Revue de num. géorg*, p. 59.

Cette médaille et sa variété ont été frappées entre les années 1156 et 1160. Car Giorgi III monta sur le trône en 1156 et Moktafi mourut quatre ans après l'avénement du roi géorgien. C'est par les raisons que j'ai avancées plus haut, que Giorgi fit placer sur sa monnaie le nom de l'abbasside son contemporain.

15. Le roi, la couronne crucigère sur la tête et vu de face, assis à la manière orientale et tenant un aigle (2) de la main droite, à sa gauche les lettres vulgaires dites *caractères des guerriers*, ვი, *gi,* qui entrent dans la composition de son nom et la date ႵჃႴႸჂ (3), année pascale 404 (1184).

℞.　ملك الملوك　*Le roi des rois,*
　　كيورك بن دمطري　*Giorgi, fils de Dimitri,*
　　حسام المسيح　*Glaive du messie.*

Cuivre, grand module, 3 variétés sans la date. Pl. II, n° 5.

Adler, *Coll. nova*, p. 117. — *Comment. soc. Gotting.*, t. XIV,

---

(1) Ibn-Alatir, cité par Defremery, *opus laud.*, p. 55.—Samuel d'Ani. fol. 43, 44. —Aboulfaradj, *Chr. syr.*, p. 358-381. — Ét., *Hist. des Orp.*, ch. IV.—Aboulfeda, *Ann. mus.*, t. III, p. 583. — Tchamitch, t. III, p. 45, 78, 147 et seq.

(2) Marco Paulo (I, 23.) nous apprend que l'aigle était le symbole des rois de Géorgie; voici ce qu'il dit à ce sujet : « Autrefois les rois de la Géorgie portaient « pour insigne un aigle sur l'épaule. » Cf. Brosset, *Journ. asiat.* 1836, p. 12.

(3) La première lettre de cette date est l'initiale du mot ქრისტესსა.

pl. IV, n° 5 (Tychsen). — Castiglioni, p. 344. — Marsden, n° 319. — Krafft, *Rup., Münzen*, p. 24. — Barataieff, III° part., p. 6 à 12. Pl. I, n°ˢ 1 à 4. — Brosset, *Revue de num. géorg.*, p. 57, 58. — *Hist. du Bas-Empire* de Lebeau, éd. St. Martin, t. XVII, p. 256, note 1; p. 451, note 2.

Le prince Barataieff avait pris l'année pascale qui se lit sur le droit de la monnaie pour les initiales des mots : *Roi des Karthles*, [*fils*] *de Dimitri*. Mais M. Brosset s'est chargé de rectifier cette opinion dans sa *Revue de numismatique géorgienne* (p. 58), et a parfaitement lu l'année 404 du cycle géorgien.

16. Le roi ayant la couronne crucigère sur la tête et vu de face, assis à la manière orientale, tient un aigle de la main gauche; à droite du roi ႦႭ et à gauche . . . . Ⴑ .

℞.   ملك الملوك   *Le roi des rois*,
      كيورك بن دمطرى   *Giorgi, fils de Dimitri*,
      حسام المسيح   *Glaive du messie*.

Cuivre, grand module, 2 variétés. Pl. II, n° 6.
Barataieff, III° partie, p. 12 à 14, pl. I, n°ˢ 5 à 5. — Brosset, p. 58, 59.

La lettre Ⴑ du droit de la médaille avait fait supposer à M. Brosset (1), que c'était l'initiale du nom de Dimitri et qu'il fallait restituer le mot ძე, *fils*, ce qui donnait la légende : *Giorgi, fils de Dimitri*. Il n'en est pas ainsi, la lettre Ⴑ n'est autre chose que le dernier chiffre de la date ჳჭႭႱ du cycle géorgien, déjà exprimée sur la médaille précédente.

THAMAR (1184-1211 ou 12).

Les éristhaws du royaume, à la mort de Giorgi III, nommèrent sa fille Thamar, tout à la fois *roi* et *reine* du Karthli (2). Ils lui choisirent pour époux un fils du roi des Russes (3), qu'elle fut obligée de répudier peu de temps après son mariage, à cause des débauches

---
(1) *Revue de num. géorg.*, p. 59.
(2) Brosset, *Hist. de la Géorgie*, p. 403.
(3) Karamzin, *Hist. de Russie*, t. II, p. 265.

auxquelles il se livrait. Sur ces entrefaites, les Turcs du Ran et de Gélacoun firent une incursion dans le canton de Palacatzio, mais ils furent repoussés par les troupes de Thamar. Profitant du répit que lui laissaient les Turcs, Thamar épousa en secondes noces un Géorgien de sang royal, nommé Dawith-Soslan (1193). A cette nouvelle, le prince russe mari de Thamar excita plusieurs révoltes en Géorgie, se fit nommer roi à Gégouth et s'avança dans le Karthli où ses troupes furent complétement défaites par l'armée géorgienne commandée par Dawith-Soslan. D'autres victoires attendaient encore les Géorgiens : l'atabek Amir-Miran et les Persans, renforcés des troupes des émirs de Bagdad, de Mossoul, d'Asori, d'Eracq, d'Aderbidjan, de l'Aran et même de l'Inde, vinrent ravager la Géorgie. Dawith les atteignit dans le voisinage de la ville de Gandza, près la montagne de Gélacoun et les vainquit. De là il s'avança sur Gandza, dont les habitants lui ouvrirent les portes en faisant pleuvoir sur sa tête de l'argent et de l'or, des dirhems et des dracans. Bientôt après, Cars fut enlevée aux Turcs et les musulmans furent forcés de payer le kharadj aux Géorgiens. Effrayé de tant de succès, Noukardin, fils de Tcharaslan (1), sultan seldjoukhide réunit ses troupes et marcha contre celles de Thamar ; les deux armées se rencontrèrent dans un lieu appelé Bolositec (2) et les Turcs furent vaincus, en 1203 environ. Cars (3) ouvrit de nouveau ses portes à Dawith en 1206; Ani et Dovin (4) imitèrent cet exemple (1209). C'est vers cette époque que mourut Dawith (5). Les troupes de Thamar n'en continuèrent pas moins leurs conquêtes; en peu de temps l'Irak, le Khorassan, Marand, Thavrej, Miana, Zangan et Qazmin tombèrent en leur pouvoir, et la reine avant de mourir (1211) vit ses armées victorieuses rentrer dans le Karthli (6).

Thamar seule.

17. Le centre de la monnaie contient le chiffre de la reine,

(1) Brosset, *Chron. de la Géorgie*, p. 456, et non Rokn' Eddin, fils de Kilidj-Arslan selon Wakhtang.
(2) Les géographes n'en font pas mention.
(3) Ibn-Alatir, cité par Defremery, *opus laud.*, p. 63 et suiv. — Vardan, p. 109.
(4) Ibn-Alatir, cité par Defremery, *opus laud.*, p. 56 et seq. — Brosset, *Bulletin scientif. de l'Acad. des Sc. de St.-Pét.*, t. X, p 325.
(5, Wakhoucht, *Hist. de la Géorg.* — Ibn-Alatir, cité par S. Martin, t. II, p. 249. — Brosset, *Hist. de la Géorg.*, p. 460.
(6) Étienne, *Hist. des Orp.*, ch. v. — Aboulfar., *Ch. syr.*, p. 401 et suiv. — Aboulfeda, *Ann. mus.*, t. IV, p. 61. — Tchamitch, t. III, p. 148 et suiv.

formé des lettres enchevêtrées თამარ (*Thamar*) de l'alphabet *mkhédrouli*, dans une guirlande de nœuds. La légende géorgienne en marge est écrite en lettres *assomthawrouli* : ႵႱႬ · ႱႠ · ႱႾႬႠ · ႭႶႱႠ · ჄႩႡႠ · ႸႧႣႠჂ · ჄႠႫႠႬႬႠჂ · ႠႵႧႱ · pour ქორონიკონსა ႱႠ შაბათითა შჳთისა ეკსა შჯდა ეკვსთლისა ამის. — *En l'année pascale 404,* (1184 de J. C.) *a eu lieu la fabrication de cette monnaie.*

℞. الملكة المعظمة   *La reine magnifique,*
    جلال الدنيا والدين   *Splendeur du monde et de la religion,*
    تامار بنت كيورك   *Thamar, fille de Giorgi,*
    ظهير المسيح   *Aide du messie.*
    اعز الله انصارها   *Que Dieu glorifie ses victoires !*

En marge : ضا اللهغب جلالها وايد اقبالها — *Que Dieu redouble sa gloire et fortifie sa prospérité.*

Cuivre. Pl. II, n°ˢ 8, 9. 2 variétés avec les dates ႭႦ (407) 1187 de J. C. Pl. III, n° 1, et ႭႪႦ (430) 1210 de J. C. Pl. III, n° 2.

Adler, *Coll. nova*, p. 177. — Erdmann, *Num. asiat.*, Mus. Casan., t. II, p. 753. — *Comm. soc. Gott.*, t. XIV, p. 91 (Tychsen avait lu au lieu du nom de Thamar, celui de Nara). — *Mém. de l'Acad. des Sc. de St.-Pét.*, t. IX, p. 79, 80. Pl. XXI, 55. — Fraëhn, *Recensio*, t. I, p. 540. — Castiglioni, p. 346. Pl. XVII, n°ˢ 7, 8. — *Journal asiat.*, 1836, p. 13 à 15. — Brosset, *Revue de num. Géorg.*, p. 60, 65. — *Rapports sur un voy. arch. en géorg.*, Iᵉʳ rapport, p. 15. — *Hist. de la Géorg.*, addit. p. 298. — Barataieff, IIIᵉ partie, pl. II, n°ˢ 1 à 6, et pl. III, n°ˢ 17 à 19, p. 17 à 36.

Les monnaies de Thamar sont toutes de cuivre et fort nombreuses dans les collections, mais leur module, leur forme même varient à l'infini, quoique la matrice qui servait à les frapper soit toujours la même, sauf pour les trois dates que j'ai signalées. A cette époque en effet, l'art de battre monnaie en Géorgie était arrivé à sa première période de décadence; les ouvriers chargés de la fabrication des monnaies jetaient sur une table le morceau de cuivre en fusion et y appliquaient une empreinte sans s'inquiéter en aucune façon si les bords de la pièce coïncidaient avec la matrice. Lorsque le cuivre avait pris une forme oblongue, ils frappaient à deux ou trois endroits différents et lui donnaient ainsi plusieurs empreintes, en répétant la même opération sur le revers du lingot (1).

Outre cette particularité singulière du monnayage de Thamar, on en signale encore une autre. A dater du règne de cette princesse, les contre-marques sont mises en usage, sans doute pour donner une valeur nouvelle à des monnaies qui par leur fabrique offraient peu de garantie et tombaient en discrédit. Les monnaies de Thamar ont été contre-marquées même durant son règne, et ensuite sous ceux de ses successeurs. Voici les contre-marques que les auteurs ont signalées (2) : 1° un ȣ (D) avec ou sans point dans la panse, c'est peut-être l'initiale du mot დანგი, *dangi*, ou celle des noms de Dawith ou de Dimitri (voy. pl. II, 8, 9). — 2° Le chiffre de Thamar formé de nœuds enchevêtrés (pl. II, 10). — 3° Un ◊ inscrit dans un octogone (Barataieff, IIIe partie, Pl. III, n° 16). — 4° Un ე et un ჩ enchevêtrés, initiales du nom d'Éréclé (Brosset, *Journal asiat.*, 1836, p. 14).

***

Thamar et Dawith-Soslan.

18. ႵႡႧႥ. — *En l'année pascale* 420 (1200). — ႣႧ. (*Thamar.*) — ႣႧ. (*Dawith.*) — Au centre une figure dont la valeur n'est pas déterminée et qui ressemble à une arbalète.

℞. مملكة الملكات   *La reine des reines,*
جلال الدنيا والدين   *Splendeur du monde et de la religion,*
ثامار ابنة كيورك   *Thamar, fille de Giorgi,*
ظهير المسيح   *Aide du messie.*

Cuivre, grand module, 4 variétés. Pl. III, n°s 3, 4, 5.

Adler, *Coll. nova*, p. 164-176. — Arrigoni, t. IV, pl. XIII, n° 37, pl. XVII, n° 74. — *Comm. soc. Getting.*, t. X. 2e comm., p. 7. Pl. III, 3 et 4; et t. XIV, n°s 6 et 7. — Marsden, t. I, p. 320. — *Journal asiat.*, 1836, p. 17. — Brosset, *Revue de num. géorg.*, p. 65-67. — Barataieff, IIIe partie, pl. III, n°s 1 à 6, p. 37-78.

---

(1) Barataieff, IIIe part., pl. II, n° 8.
(2) Brosset, *Revue de num. géorg.*, p. 75, § 8.

On voit sur plusieurs de ces monnaies des contre-marques ; la première (pl. III, n° 4) est un ნ ; la seconde ნი (pl. III, n° 5) (1); la troisième un ✝ et une autre lettre effacée (2).

19. **თ.ჶ.ნ.** (Thr. D.), *Thamar. Dawith.* — Une croix en chef de la médaille, le tout dans une guirlande.

℞. Des points.

Cuivre, petit module. Pl. III, n° 6.

Barataieff, III° partie, p. 44 et 45.

Thamar et Georges IV (3).

20. Légende effacée. — Dans un entrelacement de nœuds, la lettre **თ** initiale du nom de Thamar.

℞. ....ႫႴႯ ႱႬႨႢ Ო.... — (pour ღმერთ მაღლე გიორგი.) *O Dieu ! Exalte le roi.....* — Dans un entrelacement de nœuds ႢႨ (GI). *Giorgi.*

Cuivre, moy. et pet. mod., 3 variétés. Pl. III, n° 7.

Barataieff, III° partie, pl. IV, n° 1. — Brosset, p. 67.

21. ႩႬႡ ႫႴႯ ნ. — Au centre dans des nœuds entrelacés **თ** ? — Thamar?

℞. Ⴉ....ႫႴ... Au centre dans des nœuds entrelacés ႢႨ. — *Giorgi.*

Fragment de cuivre, grand module. *Mus. asiat. de St.-Pét.* — Pl. III, n° 8.

Journ. asiat., 1836, p. 19. — Brosset, *Revue de num. géorg.*, p. 67, 68, pl. n° 2.

Georges IV Lacha (1212-1223).

Giorgi avait été sacré roi du Karthli du vivant même de sa mère. A la mort de Thamar, l'atabek de Gandza se révolta et refusa de payer le kharadj que la reine lui avait imposé. Le jeune Giorgi

---

(1) Barataieff, III° part., pl. III, n°s 4 et 6. — Brosset, p. 76.
(2) Barataieff, III° part., pl. III, n° 5. — Brosset, p. 76.
(3) Georges IV, fils de Thamar, fut associé au trône par sa mère en 1207.

marcha sur Gandza et fit rentrer l'atabek dans le devoir. Quelques années après, les Tatars sous la conduite de Gengis-Khan s'emparèrent de Gandza et allèrent camper dans le territoire de Gag (1220) (1). Giorgi leva des troupes et marcha au-devant du conquérant, qu'il atteignit sur la Berdjoudj, aujourd'hui Sagana (2). Les Géorgiens furent complétement battus. Les Tatars pénétrèrent alors dans le Qiphtchaq et revinrent en tournant la mer de Derbend, à Qaraqouroum où les attendait Gengis-Khan (3). De là les Tatars furent envoyés sous la conduite de ses fils contre Djélal-Eddin, sultan de Khorassan, qui s'enfuit et chercha avec ses troupes un asile en Géorgie, en 1220 (4). Trois ans après, Giorgi Lacha mourait léguant ses États entamés à sa sœur Rousoudan (5).

22. ✠ ႢႨ Ⴃ·   *De Giorgi,*
ႴႬ· ႧႡႫႬ· Ⴔ   *Fils de la reine Thamar,*
ႱႽႬႽ· ჄႤ·   *Seigneur*
ჄႠ· ႭႨႡႽ·   *De Djawaketh.*

℞.   الملك المعظم   *Le roi magnifique,*
جلال الدنيا والدولة   *Splendeur du monde et de l'empire,*
كيورك بن تامار   *Giorgi, fils de Thamar,*
حسام المسيح   *Glaive du messie.*

Cuivre, moyen module, une variété. Pl. III, n° 9.

Adler, *Coll. nova*, p. 174, n° 112. — *Mus. cuf. Borg.*, p. 59 ; 32. — Erdmann, *Num. asiat.* Mus. Cas., t. II, p. 753. — *Comm. soc. Gotting.*, t. XIV, p. 90, pl. XIX, 3 (Tychsen). — Castiglioni, p. 348, Pl. XVIII, n° 9. — Marsden, p. 34, pl. XVIII, n° 310. — *Journ. asiat.*, 1836, p. 19, 24, 25. — Brosset, 2ᵉ rapp. p. 112. —

(1) Ibn-Alatir, cité par M. Defremery, *Journal asiat.*, t. XIV, 4ᵉ série. — Sanut, *Secret. fid. Cruc.*, liv. III, p. 8, ch. III, et ch. v, p. 13.
(2) Ciracos, *Hist.*, p. 94. — Vartan, *Hist. d'Arm.*, p. 112.
(3) Tchamitch, t. III, p. 202. — *Journ. asiat.*, t. XIV. Mém. de M. Defremery, p. 455, 472, 473, et tirage à part, p. 75 et suiv. — Rachid-Eddin, éd. E. Quatremère, p. 65.
(4) Ibn-Alatir, cité par Defremery, *Journ. asiat.*, t. XIV, p. 477, 480.
(5) Raynaldi, *Annales ecclés*, t. XIII, p. 340. Lettre de Rousoudan au pape Honorius III, ligne 5. — Ét., *Hist. des Orp.*, ch. vi. — Aboulfaradj, p. 459 et suiv. — Tchamitch, t. III, p. 179 et suiv., et 199 et suiv.

Hist. de la Géorg., addit., p. 375. — Barataieff, III® partie, pl. IV, n° 1, p. 92-94.

Le prince Barataieff avait lu la légende arabe : *Splendeur du monde et de la religion*, tandis qu'au contraire on lit parfaitement *et de l'empire*. Ce titre n'est autre chose que la traduction du mot géorgien *Lacha*, qui signifie : *celui qui éclaire le monde* (1). Le même auteur avait encore lu la légende géorgienne du droit de la monnaie par *le djawakhethien*, mais rien ne justifie un pareil titre. M. Brosset, à l'aide d'un exemplaire très-bien conservé, qu'il acquit à Tiphlis pendant son voyage (2), parvint à rétablir d'une manière très-fidèle l'inscription de la monnaie en question, qui doit être lue *seigneur de Djawakheth*. On sait en effet d'après une histoire manuscrite du couvent de Largwis (3), que le roi Giorgi s'empara du Djawakheth sur son neveu Wakhtang, qui s'était révolté contre lui vers l'année 1220.

23. ჴჱ ႢჱႱႠႱჱႡႥჱ ႰႱႠ ჴჱ ყუნლნ ႠჱႫႶႱႱ ჴჱ (Pour ჯოროსიგუნი 43... სასჯელოთა დუოტსათ ოქნს ჩჯდსა კკულოქს სძოს.) — *En l'année pascale 43..? (121.?) a eu lieu la frappe de cette monnaie.* — Au centre dans un entrelacement de nœuds, en deux lignes, la légende : ႢႨ ჴჱ ႫჴႨႱႱ. — *Giorgi, fils de Thamar.*

R. الملك الملوك — Le roi des rois,
جلال الدنيا والدولة — Splendeur du monde et de l'empire,
كيورك بن تامار — Giorgi, fils de Thamar,
حسام المسيح — Glaive du messie.

La légende de la marge est entièrement effacée.
Cuivre, des trois modules. Pl. III, n° 10.

Fraëhn, *Recensio*, p. 540. — Barataieff, III® partie, pl. IV, n°ˢ 1 à 5; pl. V, n°ˢ 6 à 14, p. 87 et suiv. — Brosset, *Revue de num. géorg.*, p. 68 et suiv.

Parmi les médailles de ce prince rentrant dans la même catégorie, nous trouvons une variété qui a été frappée deux fois sur un morceau de cuivre allongé (pl. IV, n° 1), une autre portant quatre empreintes de chaque côté, frappées avec les matrices du droit et du

---

(1) *Hist. du Bas-Empire* de Lebeau ; éd. S. Martin, t. XVII, p. 451, note 2.
(2) Rapports sur un voy. arch. en Géorg. et en Arm.; 2ᵉ rapport, p. 112.
(3) Brosset, *Hist. de la Géorgie*, addit. XXI, *De l'origine des éristhaws du Ksan*, p. 375.

revers de la monnaie décrite sous le n° 23 (pl. IV, n° 2). Une médaille semblable est en outre contre-marquée d'une empreinte avec le nom du Rousoudan (Barataieff, III° partie, pl. VIII, lettre A).

24. ႻႨ ჯႴႨ. — *Giorgi roi*, au centre dans un carré inscrit dans un cercle.

℞. ﺑﺴﻢ   Au nom
   ﷲ   de Dieu.

Billon, module des deniers. Pl. IV, n°ˢ 3, 4, 5, 6 et 7.
Brosset, *Revue de num. géorg.*, p. 71, 72; pl. n°ˢ 4, 5, 6, 7, 8.

Ces petites pièces conservées au Musée asiatique de l'Académie de Saint-Pétersbourg, ont été trouvées dans les ruines d'une maison de Loré. On lit sur quelques-unes la légende entière, *Giorgi roi*, et sur d'autres au contraire, il faut presque deviner (Brosset, n°ˢ 6 et 7). En publiant ces monnaies dont il existe bon nombre de variétés, M. Brosset avait traduit la légende arabe de toutes ces pièces, par les mots : *Dieu est ma suffisance*, ﺣﺴﺒﻲ ﷲ , il est vrai que sur l'une d'elles, le n° 7 de la planche, dont la légende a été tracée au rebours par le graveur géorgien, on peut lire cette invocation, qui serait une exception fort curieuse; mais en général les médailles de billon de la trouvaille de Loré, présentent la formule arabe *au nom de Dieu*, qui se retrouve en géorgien sur les médailles du même genre appartenant au règne de Rousoudan (1).

ROUSOUDAN (1223-1247).

Aussitôt son avénement au trône, Rousoudan écrivit au pape Honorius III, pour lui offrir de prendre part à la croisade qu'allait entreprendre Frédéric II, empereur d'Allemagne (2); elle venait en

---

(1) Cf. *Rousoudan*, plus bas, n° 28.
(2) « Interea accepit Honorius, ut ad res terræ sanctæ regrediamur, a Georgianorum reginá legationem litterasque omni officio refertas, quibus ipsa pollicebatur « se, Tartaris acie jam fusis, fugatis cæsisque, victorem exercitum Hierosolymitanis « Christi fidelibus subsidio missuram, qui junctis cum Frederico imperatore illuc « profecturo armis, impiam Sarracenorum gentem bella peteret, ac sanctissimis « locis procul depelleret, at reginam hæc pollicentem aliaque scitu digna enar- « rantem operæ pretium est audire. » (Raynaldi, *Ann. eccl.*, t. XIII. p. 339-140, n° 17.) Alberic des Trois Fontaines dans sa chronique (*Rec. des hist. de Fr.*, t. XXI, éd. Nat. de Wailly, p. 603), parle ainsi de Rousoudan : « In curia Campaniæ,

effet de remporter une victoire sur les Kharismiens, commandés par Djélal-Eddin. Mais Rousoudan ne put mettre ce projet à exécution, car dans une seconde rencontre, l'atabek Iwanné, son connétable (1), fut battu par Djélal-Eddin au village de Garni (1225) (2). Enhardi par ce succès, le sultan du Kharisme entra dans l'Aderbidjan et ravagea le pays de Dovin (3), Ani, l'Arménie, et Gag, jusqu'à Gandza (1226) (4). Trois ans après les Kharismiens prirent Tiphlis (5) et Khélath (6), ravagèrent le Cambedchian, le Karthli, le Thrialeth, le Djawakheth, le Samtzkhé (7), le Tao et Ani (8). En 1230, les armées de Rousoudan ayant repris le dessus, chassèrent de la Géorgie les troupes de Djélal-Eddin, qui furent poursuivies ensuite par les Tatars, sur les terres desquels elles avaient cherché un refuge. Djélal-Eddin s'enfuit dans la Basian, où il trouva la mort. Thouli, fils de Gengis-Khan, s'empara alors de toutes les possessions des Kharismiens, dévasta la Géorgie, le Chirwan, le Héreth, le Cakheth, le Somkheth et Ani (1236-1238) (9). Les Géorgiens voyant l'arrivée des Tatars incendièrent Tiphlis (10) et Rousoudan se réfugia à Kouthathis, d'où elle écrivit à Thouli, pour lui demander la paix, qui fut signée moyennant un kharadj imposé à tous les éristhaws

« lectæ fuerunt quædam litteræ de eo quod soldanus Ægypti vicit soldanus Persidis, » et de bello reginæ Avigniæ contra Turcos. » Les mots *regina Avigniæ* s'expliquent aisément, car Raynaldi qui reproduit la lettre de Rousoudan au pape traduit ainsi en latin l'original : .... *Russulano humilis regina de Aneguia, devota ancilla et filia sua*.... Saint-Martin (*Mém. sur l'Arménie*, t. II, p. 256 et *Biogr. univ.*, t. XXXIX, p. 113, *verbo* Rousoudan) et M. Reinaud ont reconnu que le mot *Aneguia* ou toute autre forme approchante n'est qu'une altération du nom de pays *Aphkhaz*. (Cf. aussi Brosset, *Hist. de la Géorgie*, addit. — Alb. des Trois Fontaines, t. XXI, p. 603-613.

(1) Raynaldi, Lettre de la reine Rousoudan au pape Honorius III, t. XIII, p. 340.
2) Wakhoucht, p. 65. — Ibn-Alatir, cité par Saint-Martin, t. II, p. 259, et Ch. Defremery, *opus laud.*, p. 105 et suiv. — Aboulfaradje, *Chr. syriaq.*, p. 459 et suiv. — Étienne, *Hist. des Orpélians*, c. vi, p. 112 de l'Arm. de Saint-Martin, t. II. — Vardan, p. 113.
(3) *Journal asiat.*, t. XIV, p. 482.
(4) D'Ohsson, *Hist. des Mongols*, t. III, p. 17. — Vardan, p. 113 et suiv.
(5) Wakhoucht, p. 65. — Aboulfeda, *Ann. mosl.* — D'Ohsson, p. 17. — Ibn-Alatir, cité par Defremery, p. 109. — Ibn-Khaldoun, cité par le même, p. 115.
(6) Tchamitch, t. III, p. 203. — Nisawi, *Biogr. de Djelal-Eddin*, c. LV. — D'Ohsson, t. III, p. 18, 20, 25, 33, 35. — Ibn Alatir, cité par Defremery, *opus laud.*, p. 118 et suiv.
(7) Masoudi, cité par M. Reinaud, *Géogr. d'Aboulfeda*; introd., t. I, p. 300.
(8) Saint-Martin, *Mémoires sur l'Arménie*, t. Ier, p. 384.
(9) Tchamitch, t. III, p. 206. — Hammer, *Hist. des Ilkhans*, t. Ier, p. 111.
(10) Ibn-Alatir, cité par Defremery, p. 120.

(1239) et des otages, au nombre desquels se trouvait Dawith, fils de la reine. En 1247, Rousoudan mourut (1).

On a de Rousoudan des monnaies d'argent et de cuivre, mais comme celles-ci ont été frappées avant les autres (2), j'en donnerai d'abord la description.

Monnaies de cuivre.

25. ჌Ⴁჩ (RSN). Abréviation du nom de Rousoudan en lettres assomthawrouly dans une espèce de figure heptagonale formée d'entrelacements où sont figurées les lettres ႰႬႣ qui complètent le nom de Rousoudan. Ces derniers caractères sont en lettres appelées mkhedrouly-khély. Dans les intervalles de la figure on lit : ႵႰႪჩ ႥႭ჈. — *En l'année pascale* 447 (1227).

الملكة الملوك والملكت   *La reine des rois et des reines,*
جلال الدنيا والدولة والدين   *Splendeur du monde, de l'empire et de la religion,*
روسدان بنت تامار ظهير المسيح   *Rousoudan, fille de Thamar, aide du Messie;*
اعز الله انصارها   *Que Dieu glorifie ses victoires!*

Cuivre, moyen module. 9 variétés. Pl. V, n° 1. Adler, *Coll. nova*, p. 167, n° 114. — *Comm. soc. Gotting*, t. X, p. 7, pl. III, 5, 6. T. XIV, p. 90 (Tychsen). — Fraëhn, *Recensio num. moh.*, t. Ier, p. 541. — *Journal asiat.*, 1836, p. 29. — Brosset, *Rev. de num. géorg.*, p. 72. — Barataieff, IIIe partie, pl. VI, n°s 10-13, p. 124-130.

---

(1) Wakhoucht, p. 67. — Tchamitch, t. III, p. 224. — Saint-Martin, *Mém. sur l'Arm.*, t. Ier, p. 385.

(2) Je suis obligé d'ouvrir ici une parenthèse dans la numismatique géorgienne proprement dite, pour donner place à des monnaies de Djelal-Eddin, surfrappées sur des pièces de Thamar (Barataleff, pl. VII, n° 5), de Giorgi-Lacha et de Rousoudan (*id.*, n° 8). Djelal-Eddin, fils de Mohammed-Sebah, sultan du Kharisme, fut chassé de ses États par Gengis-Khan. Il conquit une partie de la Perse, s'empara de Tiphlis, où il établit sa résidence, et domina sur la haute Géorgie pendant le règne de Rousoudan, jusqu'au temps où il fut chassé par les Mongols et assassiné (1230?).

Voici la description d'une surfrappe de Djelal-Eddin; la matrice qui servit à frapper l'empreinte du droit et du revers n'a jamais varié :

السلطان   *Le sultan*
المعظم   *Magnifique,*

Monnaies d'argent.

Imitation de la monnaie byzantine de l'époque de Nicéphore Botoniate. (1).

26. ✝ · ҕҔ · ՍՐՃԴԿՂԴՐ · ՈՈՐՆՐՂ Ո-Ր ԴԲԴԾՐ. *En l'année pascale* 450 (1230), *au nom de Dieu, a été frappée!* — IC. XC. — Buste nimbé du Christ, vu de face et tenant le livre des Évangiles.

℞ الملكة الملكات جلال الدنيا والدين روسدان بنت تامار ظهير المسيح — *La reine des reines, splendeur du monde et de la religion, Rousoudan, fille de Thamar, glaive du Messie.* — Au centre dans une figure affectant une forme particulière, le chiffre de Rousoudan ჴႱჱ (RSN).

Argent, moyen module. 9 variétés. Pl. V, n°ˢ 2, 3 et 4.

Adler, *Coll. nova*, n° 113 bis. — Castiglioni, p. 349, pl. XVII, n°ˢ 10-12. — *Biogr. univers.*, t. XXXIX, *verbo* Rousoudan, p. 119, art. de St. Martin. — Fraëhn, *Recensio*, p. 541. — *Journal asiat.*, 1836, p. 26. — *Bulletin de l'Acad. des Sc. de St. Pét.*, t. II, p. 381. (Notice sur quelques méd. géorg., par M. Brosset.) — Brosset, *Revue num. géorg.*, p. 73. — Barataieff, III° part., pl. VI, n°ˢ 1 à 8; pl. III, p. 124.

Cette pièce et ses nombreuses variétés sont imitées des monnaies

En marge ..... سا ... (*Date effacée*).
℞ جلال الدنيا والدين *Djelal-Eddounia, Ou Eddin,*
En marge ....وطلاو لـ..

Morceaux de cuivre de différentes formes et de différents modules, pl. IV, 8, 9, Fraëhn, *Recensio*, p. 541-542. — Barataieff, III° part., pl. VII, n°ˢ 1 à 11, p. 131-136.

Djelal-Eddin se servit aussi d'une petite contre-marque, où son nom se lit en abrégé pour surfrapper les monnaies des rois de Géorgie (Barataieff, part. III, pl. VII, n° 8). On voit encore sur les monnaies refrappées par ce prince des contre-marques qui indiquent qu'elles eurent cours en Géorgie après la prise de Tiphlis par Rousoudan (1230); la première est un ჾ dans un carré aux angles arrondis; la seconde est une figure octogonale inscrite dans un cercle, et enfin la troisième représente les lettres géorgiennes ნეე entrelacées. (Barataieff, p. 126.)

(1) Saulcy, *Essai de classification des suites monét. byzant.*, pl. XXVI, n° 5.

de Nicéphore Botoniate, qui avaient cours en Géorgie sous le nom de *botinats* (1).

27. I̅C̅. X̅C̅. — Buste nimbé de Jésus-Christ, tenant le livre des Évangiles sur la poitrine.

ɴ. ჴႱჩ. — Dans un cercle entouré de quatre annelets.

Argent, petit module. Pl. V, n° 5.

Journal asiat., 1836, p. 26. — Barataieff, III° partie, pl. VI, n° 9, p. 120.

Le prince Barataieff a encore donné une monnaie de cuivre sans date, portant le nom de Rousoudan (part. III, pl. VI, 14). On voit au droit un poisson, et au revers les lettres [ʀ]sɴ. Cette pièce est dans un fort mauvais état de conservation.

Une médaille de Rousoudan porte deux contre-marques, c'est celle qu'a publiée le prince M. Barataieff (III° part., pl. VI, n° 12), sur laquelle a été imprimée un Φ et un ᲆ.

Monnaies de billon.

28. ჳႵႠ. ჳႵ. — *Roi des rois.* — Au centre la lettre ჳ, initiale du nom de Rousoudan.

ɴ. ჭႱ. ᲞႠ. ᲚႱႠ. — *Christ! au nom de Dieu!* (C'est la traduction de la légende arabe des pièces de billon de Giorgi-Lacha.)

Billon, module des deniers. Pl. V, n° 6.

Bulletin de l'Acad. des Sc. de St. Pét., t. II, p. 381. — Brosset. *Revue de num. géorg.*, p. 74, 75, n°ˢ 9, 10, 11.

Dawith V (1243-1269).

Dawith, fils de Rousoudan et Dawith, fils de Giorgi IV, avaient été élevés dans l'Ourdo d'Houlagou. Le khan, après les avoir gardés quelque temps et laissé la Géorgie sans monarque, se décida à les renvoyer dans leur patrie avec le titre de rois. Dawith IV, fils de Rousoudan, eut pour sa part l'Imereth, et le fils de Giorgi eut le Karthli avec Tiphlis pour capitale. Leur règne n'offre rien de particulier; la Géorgie soumise au tribut, était, pour ainsi dire, une pro-

(1) Brosset, *Rev. num. géorg.*, p. 37.

vince des Mongols, et son histoire à cette époque est intimement liée avec celle de ce peuple, car outre le roi qui était vassal d'Houlagou et après lui d'Abagha (1), il y avait en Géorgie des gouverneurs nommés par les khans (2), dont la puissance était supérieure, à celle des princes Bagratides (3).

29. En quatre lignes :

ℵ. بنده قان شاه   *Le serviteur du Khan, maître*
جهان داود   *Du monde, Daoud*
ملك   *Roi.*

Au centre un Ó dans lequel se trouve inscrit un Ⴇ, lettres qui entrent dans la formation du nom de Dawith.

ℵ. شهر تفليس   *Ville de Tiphlis,*
عرها الله   *Que Dieu conserve son existence !*
اثنين اربعين ستمابة   *Six cent quarante-deux (de l'hégire).*

Cuiv. moy. mod. deux variétés. Pl. V, n° 7.

Comment. soc. Gotting, t. X, p. 43 (Tychsen). — Barataieff, IIIᵉ part., pl. VIII, nᵒˢ 3 à 8, p. 142-147. — Brosset, *Rev. de num. géorg.*, p. 78.

Cette médaille porte la date 642 de l'hégire (1244 de l'ère chrét.). Il existe encore deux autres médailles semblables à celle-ci, sauf les dates; l'une est de l'an 647 et l'autre de l'an 650 de l'hégire. C'est le lieu de la fabrication qui m'a engagé à attribuer cette pièce à Dawith V, plutôt qu'à son cousin, puisque l'histoire nous dit d'une manière positive que ce prince régnait à Tiphlis et dans le Karthli.

Imitation de la monnaie des Seljoukhides d'Iconium (4) et des comtes d'Édesse (5)?

30. ✚Ⴁ · ႫႥႫ. — *En l'année pascale* 467 (1247). — Le roi à cheval passant à droite; devant lui le monogramme du nom de Dawith, formé des deux lettres ÓႡ (ႣႧႬ):

---

(1) Vardan, p. 117.
(2) Hammer, *Hist. des Ilkhans*, t. 1ᵉʳ, p. 216, 249. — Cf. aussi dans la collection de Bergeron (la Haye, 1735, 2 vol. in-4°) les voyages du juif Benjamin de Tudelle, de Carpin, de Guillaume de Rubruquis, de Marco Polo, d'A. Contarini, et la fleur des hist. d'Orient de l'Armén. Hethum.
(3) Saint-Martin, *Mém. sur l'Arm.*, t. 1ᵉʳ, p. 385 et suiv.
(4) Marsden, *Num. orient.*, t. 1ᵉʳ, pl. VI, n° 83.
(5) Saulcy, *Numism. des croisades*, pl. VI, nᵒˢ 11 et 12.

℞. En quatre lignes la légende persane :

بقوة خدای   *Par la toute-puissance de Dieu,*
بدولة كيوك   *Par la suprématie de Gouiouk,*
قاان....   *Khán.....*
داود   *Daoud.*

En marge : [تغليس] ضرب — *Frappé à Tiphlis.*

Argent. Une variété. — Pl. V, n° 8.

Commentat. soc. Gotting., t. X, p. 49, pl. V, n° 2, sect. VII, t. XIV, p. 91.—Castiglioni, *Mon. cuf.*, p. 351, pl. XVIII, n° 11.— *Mém. de l'Acad. des Sc. mor. et pol. de St. Pét.*, t. II, p. 490. — Fraëhn, *Recensio*, p. 671.—Barataieff, III° part.; pl. VIII, n°° 1 à 2, p. 137-142. — Brosset, *Rev. de num. géorg.*, p. 78.

Gouiouk régna sur les Mongols de 1242 à 1248.

31. En quatre lignes la légende persane :

بقوة خدای   *Par la toute-puissance de Dieu*
باقبال پادشاه ؟   *Et par la suprématie de l'empereur ?*
جهان   *De l'univers,*
منكو قاان   *Mangou-Khan.*

En marge : سنة خمسين وستمایة — *L'an 650 de l'hég. (1252-53).*

℞.   داود ملك   *Daoud roi,*
ابن كيورك   *Fils de Giorgi*
البقراطى   *Le Bagratide.*

En marge : ضرب تغليس — *Frappé à Tiphlis.*

Argent. Deux variétés avec les dates 652 de l'hég. (1254) et 654 (1256).

Comment. soc. Gott., t. X, p. 49, pl. V. — *Mém. de l'Acad. des Sc. mor. de St. Pét.*, t. II, p. 492, n°° 8, 10, p. 494, n° 14. — Castiglioni, p. 351, 352, pl. XVII, n°° 11, 12. — Brosset, *Revue de num. géorg.*, p. 82.

Mangou-Khan régna de 1251-1259.

M. Brosset (1) cite une monnaie inédite en cuivre de ce prince, de la collection de M. Roskovkenko à Tiphlis ; l'auteur n'en a malheureusement pas donné la description.

---

(1) Rapports sur un voyage archéol. en Géorg., 1ᵉʳ rapp. p. 102.

DIMITRI II (1273-1289).

A la mort de Dawith V, la Géorgie resta treize ans et demi sans roi. Les éristhaws administraient chacun en particulier leurs provinces, en payant le kharadj aux Mongols (1). Mais au bout de ce temps, Dimitri, fils de Dawith V, revendiqua ses droits à la couronne du Karthli, et se présenta devant Abagha, qui l'accueillit et lui accorda ce qu'il demandait, à la condition de lui payer le kharadj et de le suivre à la guerre. C'est durant une expédition des Mongols contre les Égyptiens, expédition à laquelle les Géorgiens avaient pris part, que Dimitri fut fait prisonnier (2). Le roi recouvra sa liberté, car l'histoire nous apprend qu'il fit une seconde campagne avec les Mongols (3). Quelques années après, Dimitri fut accusé de trahison par Arghoun-Khan, l'un des successeurs d'Abagha, qui le fit mourir (4).

---

32. Dans une figure octogonale, la lettre Ⴃ (D), ayant dans sa panse la lettre Ⴄ (E) appartenant au nom de Dimitri; dans les rayons de la figure Ⴋ· ႫႴ· — *Roi des rois.*

Ⴐ· ႫႤ· ႫႤ· ႣႠ· ႱႬ· ႼႤ... *Roi, fils de Dawith sn* (soslan?) *tsé?* — Figure ressemblant à une arbalète.

Cuivre. Deux variétés. — Pl. V, n° 9.

Barataieff, part. III, pl. VIII, n°s 1 à 3, p. 152-168. — Brosset, *Revue de num. géorg.*, p. 83 et suiv.

Si la lecture du surnom de Dawith Soslan ne paraît pas trop hasardée, il est évident que cette médaille ne saurait être attribuée qu'à Dimitri II, son fils. En cette circonstance, je me retranche derrière les deux autorités les plus compétentes en cette matière, MM. Barataieff et Brosset.

(1) Saint-Martin, *Mém. sur l'Arm.*, t. Ier, p. 380.

(2) *Bulletin de l'Acad. des Sc. de St-Pét.*, t. V, p. 240. — Al-Makrizi, ed Quatremère, t. Ier, part. II, p. 118, 145. — D'Ohsson, *Hist. des Mongols*, t. III, p. 525.

(3) Cf. Rapports de Dimitri II avec le pape Nicolas III, dans Raynaldi, t. XIV, ann. 1289, n° 59. — Brosset, *Hist. de la Géorg.*, addit., p. 305.

(4) D'Ohsson, t. IV, p. 18. — Hammer, *Hist. des Ilkhans*, t. Ier, p. 378 et suiv. — Wakhoucht, p. 76. — Tchamitch, t. III, p. 282.

Imitation de la monnaie mongole des Gengis-Khanides (1).

Légende mongole :

33.   [mongol script]   Chaganou
                             Darougha
                             Abaghanou
                             Deledkhégülüksen

Monnaie d'Abagha, vicaire du khan suprême.

℟. Légende arabe, dans un carré, au-dessus de laquelle on aperçoit les restes d'un monogramme géorgien, sans doute celui de Dimitri? Au centre de la pièce une croix dans un cercle.

بسم الاب   *Au nom du Père*
والابن   *et du Fils*
وروح القدس   *et de l'Esprit saint*,
س الٰه   *Dieu.*

En marge : سنة تسع.... سمانية. — *L'an* 6[7]9 (1280-1281).
Argent. Une variété avec la date 680 (1181-1182).

Arrigoni, pl. XIII, n° 39.—Fraëhn, *Mém. de l'Acad. des Sc. mor. et pol.*, t. II, p. 501, n°ˢ 60, 61, pl. IV, n° 6. *De Ilkchanorum num.*—Brosset, *Revue de num. géorg.*, p. 84, 85.

34. Même légende mongole d'Abagha.

℟. Légende arabe se terminant par une croix et un ornement.

بسم الاب   *Au nom du Père*
والابن   *et du Fils*
وروح القدس   *et de l'Esprit saint*,
الٰه واحد   *Dieu unique* (2).

---

(1) *Mém. de l'Acad. des Sc. mor. et pol. de St.-Pét.*; Fraëhn, *de Ilkhan. Numis.*, t. II. — *Journal asiat.*, 1842, t. XIII. Lettres de M. de Saulcy à M. Reinaud sur la Numism. orient., p. 116 et suiv., etc.

(2) La fin de cette légende pieuse, *Dieu unique*, est en usage chez tous les chrétiens arabes, et se retrouve dans tous leurs livres. On peut aisément faire un rapprochement entre cette légende et le septième verset du cinquième chapitre de la

En marge : ..... غانين سنة — محرم — *Moharrem*, l'an 680.

Argent. Une variété avec la date 681, et sans la croix.

Fraëhn, pl. Ire, n° 62, 63, p. 501. — Brosset, p. 85.

35. Légende mongole :

Chaghanou,
Darougha,
Amedoun,
Deledkhegülüksen.

Monnaie d'Ahmed (1) *vicaire du Khan suprême.*

℟. Légende arabe terminée par une croix

بسم الآب   *Au nom du Père*
والابن   *et du Fils*
وروح القدس   *et de l'Esprit saint,*
الاه واحد   *Dieu unique.*

En marge : ثلاث ..... محرم — Moharrem, l'an [68]3 (1284).

Argent.

Fraëhn, p. 503, pl. Ire, n° 70. — Brosset, p. 85.

---

première épître de saint Jean : *Pater, verbum et spiritus sanctus, et hi tres unum sunt.* Il est probable que les chrétiens d'Orient adoptèrent l'usage d'ajouter aux paroles du signe de la croix, ces mots *le Dieu unique*, pour protester contre l'accusation de polythéisme que Mahomet avait portée contre eux dans la sourate 9, vers. 33, et la sourate 61, vers. 9 du Koran. On sait en effet que sur beaucoup de monnaies arabes des Ommiades, des Abbassides, etc., on lit ce verset (S. 9, v. 33) ·

محمد رسول الله ارسله بالهدى ودين الحق ليظهره على الدين كله و لو كره المشركون « Mahomet est le prophète de Dieu, qui l'a envoyé avec la direction et la religion vraie, afin qu'il la fit prévaloir sur toutes les autres religions, quand bien même les associants seraient blessés. » Mahomet entend ici par associants, outre les idolâtres, les chrétiens qui adorent les trois personnes de la sainte Trinité ne formant qu'un seul et même Dieu. C'est M. Reinaud, dont l'obligeance extrême et les talents sont appréciés de tout le monde savant qui a bien voulu me communiquer les renseignements précieux qui forment la substance de cette note ; aussi je tiens à lui en témoigner ici ma sincère reconnaissance.

(1) Surnommé Darougha par Aboulfeda, E. Orbélian, Hethum, Sanut, etc.

36. Légende mongole :

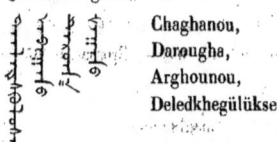
Chaghanou,
Darougha,
Arghounou,
Deledkhegülüksen.

Monnaie d'Argoun, vicaire du Khan suprême.

℟. Légende arabe terminée par une croix.

بسم الاب
والابن
وزوح القدس
الاه وحد

En marge : ...صفر سنة خمس غاد — Sefer, an 685 (1286).

Argent. Plusieurs variétés (Rebi II, ربيع الاول), 685, 686, 687. Quelquefois le nom d'Argoun est écrit en arabe, ارغون.

Castiglioni, pl. XVIII, n° 13, p. 354, 385, n° 303. — Jacquet, *Journal asiat.*, t. VIII, p. 347. — Tychsen, *Comm. soc. Gotting.*; t. III, *de Num. seldj.*, p. 20, n° 17. — Fraëhn, *Recensio*, p. 180, n° 3, p. 637. — *Mém. de l'Acad. des Sc.*, t. II, n°s 77, 78, etc. — Barataieff, III° part., p. 174. — Brosset, p. 85. — *Journ. asiat.*, 1842, t. XIII, lettre VII sur la num. orient., par M. de Saulcy, p. 116, 117.

WAKHTANG II (1289-1292).

Arghoun-Khan ayant fait mourir Dimitri II, conféra la royauté au fils du roi Dawith IV, qui s'appelait Wakhtang ; il lui donna toute la Géorgie et sa sœur en mariage. Sur ces entrefaites, Arghoun mourut empoisonné et fut remplacé par Kaïdjiatou, à qui fut conféré le khanat. Wakhtang mourut aussi peu de temps après, ayant régné trois ans à peine (1).

---

(1) Tchamitch, t. III, p. 295. — Ét. Orbélian, *Hist. de S'ounie*, t. LXX. — Saint-Martin, t. II, p. 297. — D'Ohsson, t. IV, p. 83. — Hammer, *Hist. des Ilkhans*, t. I⁰ʳ, p. 396.

37. En quatre lignes, la légende persane :

پا[د]شا[ة]   *L'empereur*
اعظم سلطان   *Auguste, sultan*
محمود غازان   *Mahmoud Ghazan*
[....]خان   *[Khan]* .....

℞. Une croix et la légende بسم الاب والابن وروح القدس الاله الواحد. *Au nom du Père, du Fils et de l'Esprit saint, le Dieu unique.*

Argent.

Tychsen, *de Num. seldj.*, t. Ier, n° 15, p. 20.— *Mém. de l'Acad. des Sc. mor. et pol. de St. Pét.*, t. II, p. 510, n° 105, p. 506, n° 86. — Klaproth, *Reise nach Kaukas.*, t. II, p. 537. — *Mines de l'Orient*, t. II, p. 184. — *Journ. asiat.*, t. VIII, p. 344-348. — *Id.* 1835, p. 32.

Une particularité fort intéressante pour l'histoire numismatique de cette époque est racontée par Étienne Orbélian (1). Il paraît que Kandjiatou remplaça les dracans et les drachmes par des billets en papier avec des caractères et des marques ; il voulait ainsi faire disparaître les monnaies d'or et d'argent, et les remplacer par des transactions (2). En cela, Kandjiatou imitait les Chinois, qui avaient émis les premiers de semblables valeurs sous l'empereur Hian-Tsoung, de la dynastie Tang et le Khan Qoubilaï, qui avait emprunté lui-même ce système aux inventeurs (3). A commencer de cette époque, les monnaies géorgiennes deviennent extrêmement rares et finissent par disparaître complétement dès la première moitié du XIVe siècle.

Dawith VI (1292-1310).

Dawith, fils de Dimitri II, était à l'ourdo de Kandjiatou, quand Wakhtang II mourut. Le Khan, pour récompenser Dawith des ser-

---

(1) *Hist. de Siounie*, l. LXX.
(2) D'Ohsson, t. IV, p. 101-106.
(3) Rubruquis, *Voy. en Tartarie*, c. xxxix (Ed. Bergeron, p. 91, t. 1er), s'exprime ainsi : « La monnaie commune de Cathay est faite de papier de coton, grande comme la main, et sur laquelle ils impriment certaines lignes et marques faites comme le sceau du Khan. » — Cf. aussi Klaproth, *Mém. relat. à l'Asie*, t. 1er, p. 375-388. — Sur l'origine du papier-monnaie (Paris, 1822, 4°). — Du Halde, *Descr. de*

vices qu'il lui avait rendus en s'emparant de la ville de Thongouzalo dans le Roum, lui donna la couronne de Géorgie et la ville de Tiphlis en 1294. Mais Dawith ne jouit pas longtemps des faveurs des Mongols; Ghazan-Khan, l'un des successeurs de Kandjiatou, voulut reprendre la Géorgie, et envoya dans ce but son lieutenant Khoutlou-Schah dans le Karthli (1). Dawith fut détrôné et son frère George V fut installé sur le trône par Ghazan-Khan (1299). Dawith alla régner à Khada, où les troupes de Khoutlou-Schah allèrent l'attaquer; il se retira alors dans la forteresse de Tziscaré, située au delà des montagnes de Tzkhawat et demanda la paix, qui lui fut accordée moyennant un kharadj. Vers 1309, Dawith vint attaquer son frère Wakhtang, qui régnait à Tiphlis, le vainquit et mourut sans avoir pu profiter de sa victoire (1310).

38. السلطان محمود   *Le sultan Mahmoud*
     غازان خان   *Ghazan-khan,*
     خلد الله ملكه   *Que Dieu fasse prospérer son règne!*

℞.   بسم الاب   *Au nom du Père*
     والابن وروح   *Du Fils et de l'Esprit*
     القدس الاله   *Saint; le Dieu*
ა Ϥ Ⴃ   الواحد   *Unique! Roi Dawith.*

La lettre Ⴃ a une croix inscrite dans sa panse.
Argent. Pl. V, n° 10.

Castiglioni, p. 354, pl. XVIII, n° 13. — Barataieff, III° part., p. 172 et suiv. — *Mém. de l'Acad. des Sc.*, t. II, p. 510, n° 115 (Fraëhn). — Brosset, *Revue de num. géorg.*, p. 86.

Giorgi VI (1318-1346).

Giorgi V (1299-1301) ne fut roi que de nom; peu de temps après son avènement au trône, Ghazan-Khan l'avait renversé et avait

---

la Chine, t. II, p. 163. — Baron de Chaudoir, *Monn. de la Chine, du Thibet, du Japon,* etc. (St.-Pét. f°), pl. XX et XXI. — Brosset, *Hist. de la Géorgie.* Cf. règne de Wakhtang II. — *Journal asiatique,* t. XIII, lettres sur la Numism. orientale, adress. à M. Reinaud par M. de Saulcy, p. 113, n° 7.
(1) Étienne Orbélian, l. LXX.

donné la couronne à Wakhtang III, son frère, qui régna en même temps que Dawith VI. Giorgi VI, au contraire, administra son royaume comme aucun de ses prédécesseurs ne l'avait fait avant lui; il posséda la Géorgie tout entière, avec le Somkheth, le Cakheth, le Héreth, le Karthli, le Tao, le Chawketh et le Clardjeth. Il chassa les Osses qui dévastaient le Karthli et imposa un kharadj aux habitants du Caucase. Ce prince profita aussi du démembrement de l'empire de Gengis-Khan pour chasser les Mongols de ses États. Giorgi VI, à qui ses exploits valurent le nom d'*Illustre*, conquit encore le Ran, le Chirwan et l'Imereth (1330).

Imitation de la monnaie de Jean (Ier ou II?), empereur de Trébisonde (1).

39. ᴊ·Ψ·Ⴅ·Ⴈ... *Le roi Giorgi.* — Le roi debout, tenant un sceptre et ayant sur la tête une couronne à trois fleurons.

℞. O ΑΓΙOC EYΓENIOC. — Saint Eugène debout, nimbé, tenant une croix.

Argent. Trois variétés. — Pl. V, n° 11.

Journal asiat., 1841, 3ᵉ série, t. XII, p. 385, avec pl. Lettre de M. Erdmann à M. Reinaud. — Pfaffenhoffen, *Essai sur les aspres comn. ou blancs d'argent de Trébisonde*, pl. IV, nᵒˢ 38, 39, 40. — Barataieff, IIᵉ partie, pl. Iʳᵉ, n° c. — *Mém. de la soc. d'arch. de St. Pét.*, t. III. *Die Komnenisch. silbermünz.*, par M. de Khœne, p. 106.

M. Erdmann est le premier auteur qui ait décrit cette monnaie et ses variétés (2). Ce savant croyait y voir la figure de l'empereur Léonce et celle du khalife Abd-el-Malek. M. le baron de Pfaffenhoffen (3), qui publia après M. Erdmann ces curieux monuments, sans avoir eu connaissance du travail de son devancier, les avait attribués à Jean IV (1447-1458), empereur de Trébisonde, et s'exprimait ainsi : « Peut-être, Jean, qui avait été associé à l'empire avant sa révolte contre son père et avant son exil, fit-il frapper une monnaie en son nom, en Ibérie, où il s'était réfugié. » Plus loin, le même auteur ajoute : « Si le buste et le nom de saint Eu-

(1) Pfaffenhoffen, *Essai sur les aspres comnénats*, pl. IV, n° 35.
(2) *Journal asiatique*, 1841, t. XII, p. 385-387.
(3) *Essai sur les aspres comnénats*, pl. IV, nᵒˢ 38, 39 et 40.

gène ne se voyaient au revers de ces monnaies, on serait tenté de croire ces pièces étrangères à Trébisonde. » M. de Pfaffenhoffen, avec un tact qui distingue les véritables numismatistes, reconnaissait dans ces monnaies un atelier étranger à Trébisonde, il indiquait même la Géorgie comme le lieu de la fabrication. M. de Pfaffenhoffen n'avait plus qu'un pas à faire pour reconnaître dans ces monnaies des médailles géorgiennes frappées à l'imitation des aspres comnénats ; seulement il a eu tort, je crois, d'attribuer à Jean IV les monnaies qui servirent de prototype à celles que je publie, car il est évident qu'après Giorgi VI, les rois de Géorgie ne furent plus rois que de nom et ne battirent plus monnaie (1) ; par conséquent, les pièces de Trébisonde qui servirent de modèles à celles de Giorgi VI, durent être frappées avant l'an 1308, époque à laquelle ce prince monta sur le trône. C'est donc aux règnes des Comnènes Jean Ier ou Jean II, que les prototypes de nos imitations géorgiennes doivent être restituées. Le prince Barataieff (2) et après lui M. Brosset (3), avaient attribué à Giorgi III les monnaies que je classe au règne de Giorgi VI; mais comme ce prince régnait avant l'existence même de l'empire de Trébisonde, on comprend que leur attribution tombe d'elle-même. De son côté, M. de Khœne (4) voulait reporter les prototypes de nos pièces géorgiennes à l'empire de Constantinople, sans tenir aucun compte de la présence de saint Eugène, qui est figuré au revers. Pour moi, je suis convaincu que les monnaies en question conviennent très-bien à Giorgi VI, car les alliances que les rois géorgiens et les Comnènes de Trébisonde avaient contractées sous les règnes de Dawith VI et de Wakhtang III, avaient amené des rapports de commerce qui furent facilités par la ressemblance des monnaies des deux pays. Toutefois la monnaie des deux peuples quoique semblable, avait en Géorgie un nom particulier ; le nom de *cirmanéoul* fut donné aux pièces de Trébisonde et celui de *giorgaoul* à celles de Géorgie (5).

---

(1) Les rois de Géorgie reprirent seulement au XVIIIe siècle la fabrication de leurs monnaies, sous le règne du roi Bakar. (Barataieff, part. IV, p. 1, pl. Ire et II.)
(2) IIe part., pl. Ire, c.
(3) *Rev. de num. géorg.*, p. 55.
(4) *Mém. de l'Acad. d'archéol. de St.-Pét.*, t. III, p. 106. Die Komn. Silberm. mit. d. H. Eugen.
(5) Code de Wakhtang, part. VII, 15.

ROI BAGRATIDE DE L'IMERETH?

Imitation de la monnaie byzantine de Manuel Comnène (1).

40. Buste de saint Georges, nimbé et vu de face, tenant une lance.

ɤ.

....
......الدين .   *de la religion...*
م شاة؟بن داود   *m schah fils de Dawith,*
بن باكونطا؟   *Fils de Bachounta?*
امير المومنين   *Prince des croyants.*
....سذاة.   *L'année....?*

En marge, un reste de légende, probablement une date ...وس...
Cuivre, petit module. Inédite. — Cab. de Fr., pl. V, n° 12.

Pour la première fois, nous voyons paraître sur une monnaie de la Géorgie le buste de saint Georges, patron de cette nation, ainsi que nous l'apprennent les chroniqueurs du moyen âge : *Hi homines*, dit le cardinal de Vitry (2), *Georgiani nuncupantur, eo quod sanctum Georgium, quem in prœliis suis contra gentem incredulam, advocatum habent et patronum.* Gauthier de Metz, dans son roman rimé (3), raconte aussi la même chose :

        Celle gent son boin crestien,
        Et ont à nom Georgien,
        Car S. Georges crient toujours,
        En bataille et es estours
        Contre païen; et si l'auroent
        Sur tous autres et l'honnourent.

Il faut remarquer ici que cette représentation du saint patron de la Géorgie sur cette monnaie d'imitation grecque, est entièrement due au caprice du graveur ; car les Géorgiens, qui n'eurent point de types monétaires qui leur fussent particuliers, reproduisaient, en copiant les médailles des peuples leurs voisins, les images qui y étaient représentées, sans y attacher d'importance. Nous avons vu ainsi les figures des rois perses de la dynastie sassanide, celles des rois arsacides de Parthie, des empereurs de Constantinople, des princes arabes, des Comnènes de Trébisonde, etc., représentées sur les pièces des rois de la dynastie bagratide. C'est donc par une coïncidence purement

---
(1) Saulcy, *Monn. byzantines*, pl. XXVIII, n° 5.
(2) Cardinal de Vitry, l. I, c. LXXIX.
(3) Roman de la mappemonde.

accidentelle, que saint Georges se trouve occuper ici la place qui lui convient de droit, comme patron et protecteur de la Géorgie.

Le revers de notre médaille qui contient la légende arabe, offre quelques particularités que je ne puis passer sous silence; d'abord que peut signifier le mot *Bachounta* ou tout autre nom approchant (car l'absence des points diacritiques des lettres arabes empêche de lire la légende d'une manière positive). S'il n'était pas trop téméraire de voir dans ce mot le nom de Wakhtang, on pourrait supposer que cette pièce a été frappée par un prince appelé Dawith (*Daoud*), sur lequel l'histoire garde le silence, attendu que les canons des rois de Géorgie ne mentionnent aucun roi du nom de Dawith qui aurait succédé directement à son père, l'un des Wakhtang dont parlent les annales. Le titre de *prince des croyants*, donné aussi au Dawith incertain dont il est question, n'a jamais été pris par les méphés, qui n'employaient que celui de *splendeur du monde et de la religion*. Je présume que cette médaille a dû, à cause de sa singularité, être frappée par un des souverains géorgiens, qui formèrent à une certaine époque un royaume à part dans l'Imereth (1).

En terminant, qu'il me soit permis de remercier les savants dont le bienveillant concours m'a été si utile dans l'accomplissement de mon travail. En première ligne, je citerai mon savant professeur, M. Reinaud, à qui je dois un grand nombre de précieux renseignements, que lui seul était à même de me donner, et qui m'ont surtout aidé dans le classement des monnaies que j'ai décrites. Je dois aussi à la bienveillance et à l'amitié dont m'honorent MM. de Saulcy et Adrien de Longpérier, d'avoir traité un sujet difficile et que je n'eusse certainement point abordé, si leurs conseils et leurs encouragements ne me fussent venus en aide, dans la tâche bien au-dessus de mes forces, que je m'étais imposée. Enfin, rappeler les noms de MM. Charles Lenormant, Henri Lavoix, Charles Defrémery, à Paris; L. de La Saussaye, à Blois; le marquis de Lagoy, à Aix; Fréderic Soret, à Genève; Jules Friedlaender, à Berlin, et le commandeur B. de Khœne, à Saint-Pétersbourg, c'est assez dire de combien de lumières j'ai cru devoir m'entourer. Je m'estimerais surtout très-heureux si cet ouvrage recevait, des amis de la numismatique orientale, l'accueil bienveillant qu'ils ont bien voulu faire à mes premiers essais.

(1) Cf. Brosset, *Hist. de la Géorgie*, t. II, rois de l'Imereth.

Pl. 1.

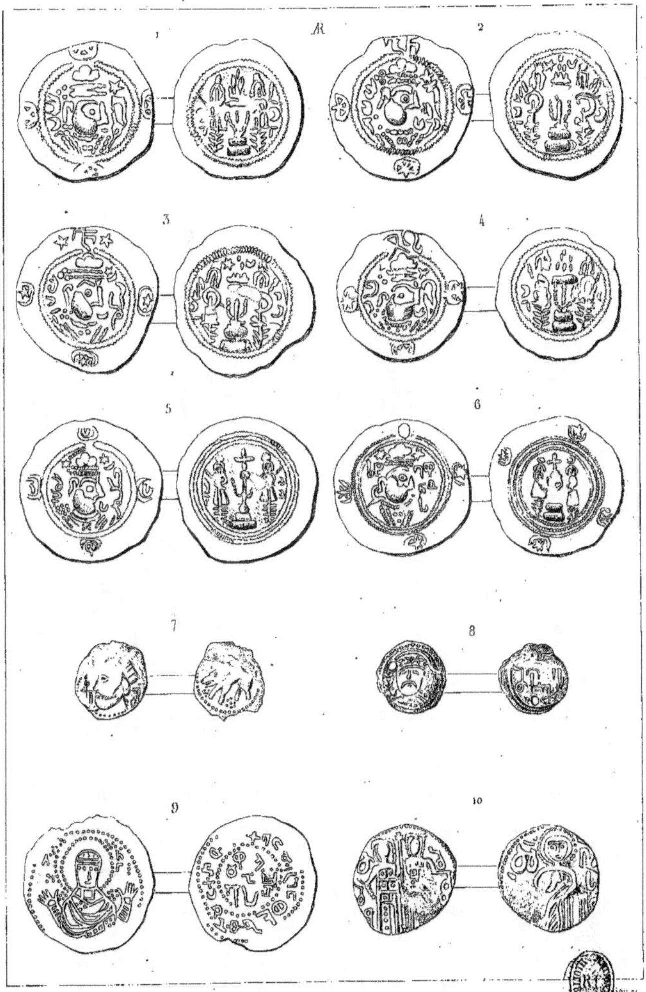

MONNAIES GEORGIENNES.

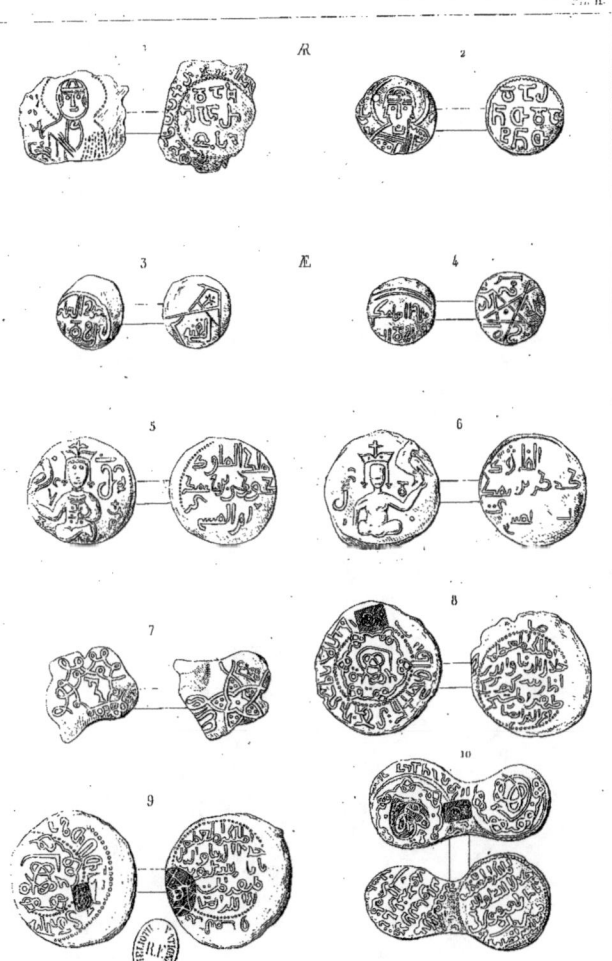

MONNAIES GEORGIENNES.

PL. III.

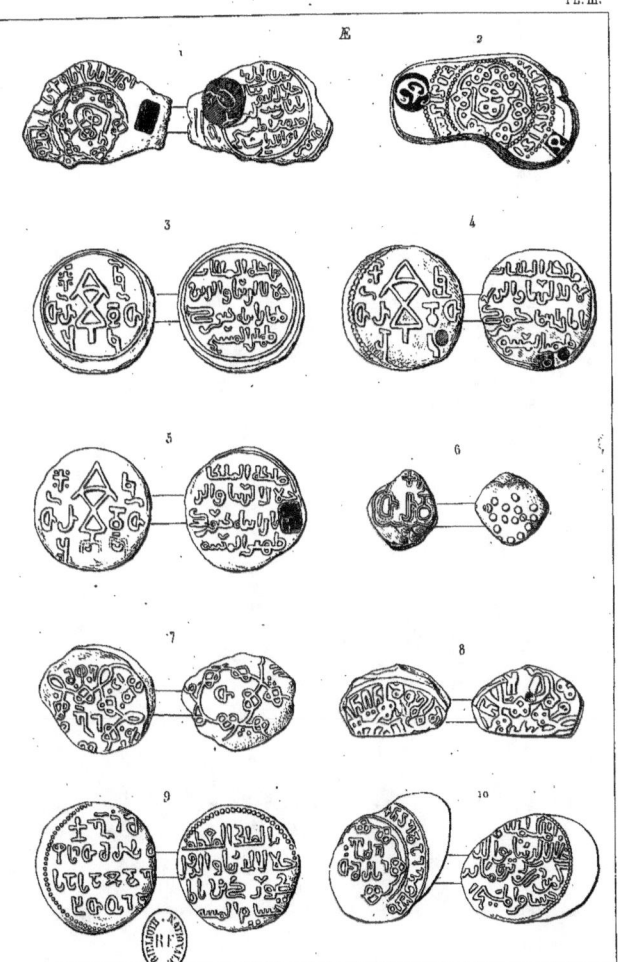

MONNAIES GEORGIENNES.

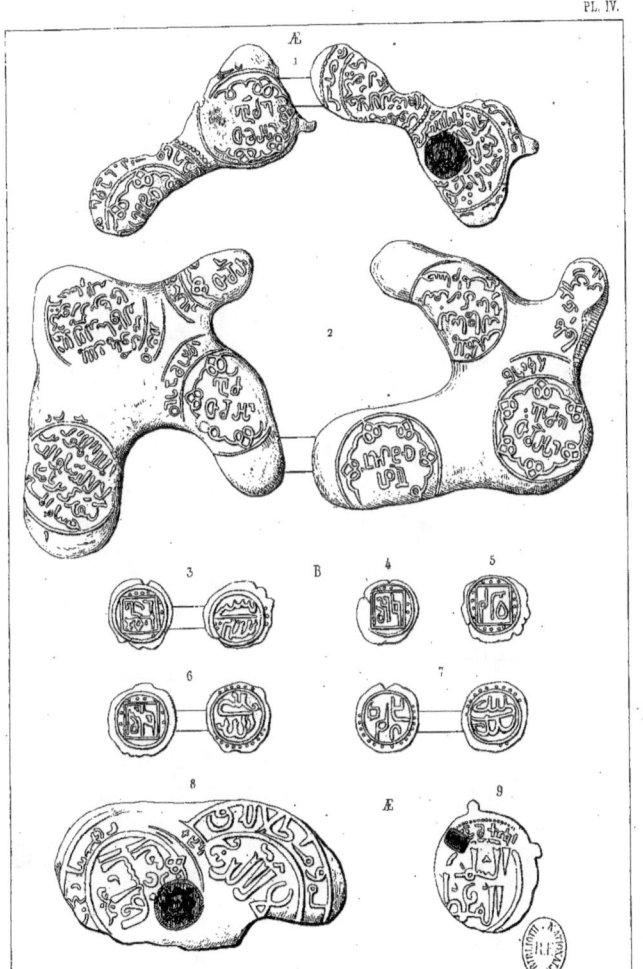

MONNAIES GEORGIENNES.

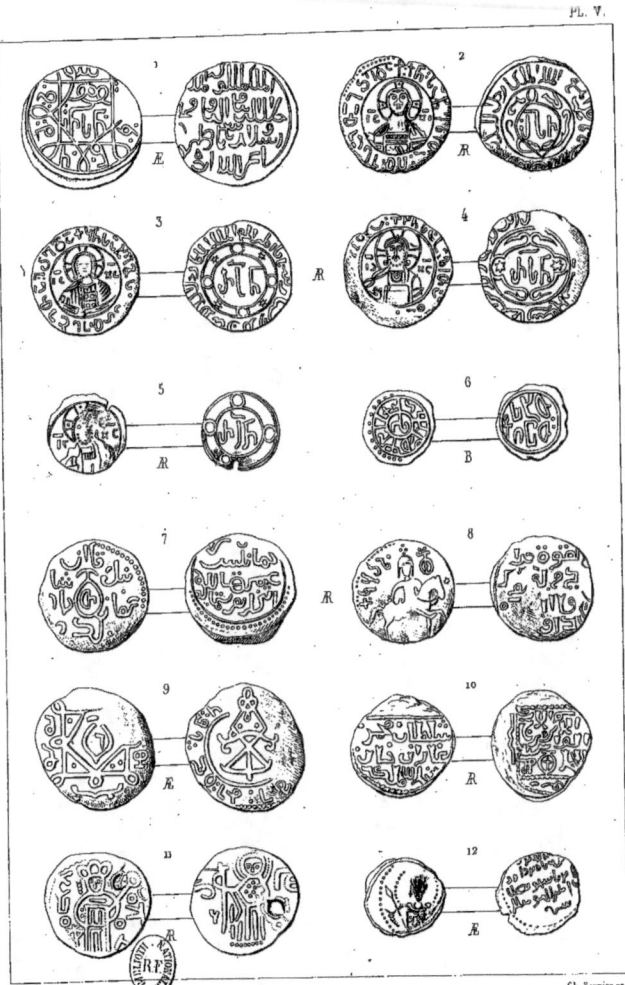

MONNAIES GÉORGIENNES.

www.ingramcontent.com/pod-product-compliance
Lightning Source LLC
LaVergne TN
LVHW020046090426
835510LV00040B/1445